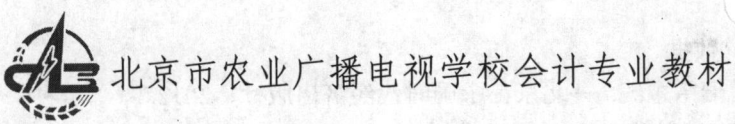

北京市农业广播电视学校会计专业教材

工商企业会计

丛书主编　朱启酒　昝景会
本册主编　贾瑞雪
审　稿　李志荣

中国时代经济出版社

图书在版编目（CIP）数据

工商企业会计/贾瑞雪主编. —北京：中国时代经济出版社，2012.8
北京市农业广播电视学校会计专业教材/朱启酒，昝景会主编
ISBN 978-7-5119-1218-3

Ⅰ. ①工…　Ⅱ. ①贾…　Ⅲ. ①工商企业－会计－专业学校－教材　Ⅳ. ①F275.2

中国版本图书馆 CIP 数据核字（2012）第 187244 号

书　　名：	工商企业会计
作　　者：	贾瑞雪
出版发行：	中国时代经济出版社
社　　址：	北京市丰台区玉林里 25 号楼
邮政编码：	100069
发行热线：	（010）68320825　83910203
传　　真：	（010）68320634　83910203
网　　址：	www.cmepub.com.cn
电子邮箱：	zgsdjj@hotmail.com
经　　销：	各地新华书店
印　　刷：	三河市国新印装有限公司
开　　本：	787×1092　1/16
字　　数：	181 千字
印　　张：	8.75
版　　次：	2012 年 8 月第 1 版
印　　次：	2012 年 8 月第 1 次印刷
书　　号：	ISBN 978-7-5119-1218-3
定　　价：	25.40 元

本书如有破损、缺页、装订错误、请与本社发行部联系更换
版权所有　　侵权必究

北京市农业广播电视学校会计专业教材
编 委 会

主 任　王福海

主 编　朱启酒　昝景会

编 委（按姓氏笔画排序）

马贵峰　马雪雁　王成芝　王秀君　邓应强
田 波　史文华　刘 华　刘庆元　刘 强
刘 磊　闫立勤　关 心　安建麒　杨学良
杨继虹　李玉池　李海宁　邱 强　何 军
宋广君　宋 兵　张小平　张玉国　张振义
张 颉　张新华　郝洪学　要红霞　徐万厚
贺怀成　高亚东　黄 刚　董国良　鲍世超

序

　　北京市农业广播电视学校是集中等学历教育、绿色证书教育培训、新型农民科技培训、农村劳动力转移培训、创业培训、职业技能鉴定、各种实用技术培训和信息服务、技术推广等多种功能为一体的综合性农民教育培训机构；是运用现代多媒体教育手段，多形式、多层次、多渠道开展农民科技教育培训的学校；是运用远程教育开展覆盖京郊广大农村的教育培训体系。北京市农广校已成为京郊重要的农业职业教育、农民科技培训、农村实用人才培养基地。随着北京都市型农业建设及城乡一体化经济的发展，京郊农民教育需求也从传统农业技术逐渐转移到适应现代农业经济发展的管理、金融知识等方向；教学形式也逐步向面授、广播、电视、远程教育相融合的方向发展。

　　为探索会计专业的教育规律和教学特色，推动该专业的建设和教学改革，在总结、借鉴国内外各类职业教育课程教学模式的基础上，针对成人非全日制教学特点，依据职业教育的本质和会计工作岗位个性特征，综合会计专业课程体系构建的基本要素，以会计职业入门资格为基础、会计岗位工作实践能力为核心、项目训练为载体，我们组织常年在教学第一线的专任教师，编制了这套项目课程模式教材，并配有教学课件。系列教材包括《财经法规与会计职业道德》、《基础会计》、《工商企业会计》、《实用会计信息化》、《会计模拟实训》、《统计基础》、《金融与税收》、《财务管理与分析》八本。

　　本套教材编写力求符合农民学员的文化基础条件，通俗易懂。其内容采用案例教学与实践操作相结合的形式，大量例题分析，每章之后都附有思考题和练习题。书后附有参考答案，便于学生自测后的检查。

　　本套教材既适用于成人中等职业教育会计类专业的定向培训，同时，也可作为会计从业人员的自我阅读和学习、培训用书。

　　限于编者的水平和经验，书中难免存在疏漏和不足之处，敬请读者批评指正。

编者
2012.8

目 录

第一章 会计基础知识 ... 1
  第一节 工商企业会计概述 ... 1
  第二节 会计机构及岗位设置 ... 9
  练习题 ... 10

第二章 主管会计和出纳核算岗位 ... 13

第三章 货币资金核算岗位 ... 15
  第一节 货币资金概述 ... 15
  第二节 库存现金 ... 15
  第三节 银行存款 ... 20
  第四节 其他货币资金 ... 24
  练习题 ... 26

第四章 往来结算核算岗位 ... 29
  第一节 应收票据 ... 29
  第二节 应收账款 ... 31
  第三节 预付账款 ... 36
  第四节 其他应收款 ... 37
  第五节 应付账款 ... 38
  第六节 应付票据 ... 39
  第七节 预收账款 ... 40
  练习题 ... 41

第五章 存货核算岗位 ... 45
  第一节 存货的概念与初始计量 ... 45
  第二节 原材料 ... 47
  第三节 库存商品 ... 53
  第四节 存货的期末计价 ... 54
  练习题 ... 56

第六章 固定资产核算岗位 ... 60
  第一节 固定资产概述与初始计量 ... 60
  第二节 固定资产的折旧与后续计量 ... 67
  第三节 固定资产的处置 ... 73

第四节　固定资产的期末计量……………………………………76
　　练习题……………………………………………………………78
第七章　职工薪酬核算岗位……………………………………………81
　　第一节　职工薪酬概述……………………………………………81
　　第二节　应付职工薪酬……………………………………………82
　　练习题……………………………………………………………84
第八章　应交税费核算岗位……………………………………………87
　　第一节　应交增值税………………………………………………87
　　第二节　应交消费税………………………………………………91
　　第三节　应交营业税………………………………………………94
　　第四节　其他应交税费……………………………………………95
　　练习题……………………………………………………………99
第九章　财务成果核算岗位……………………………………………102
　　第一节　收入………………………………………………………102
　　第二节　费用………………………………………………………105
　　第三节　利润………………………………………………………108
　　练习题……………………………………………………………111
第十章　财务报表核算岗位……………………………………………114
　　第一节　财务报告概述……………………………………………114
　　第二节　资产负债表………………………………………………117
　　第三节　利润表……………………………………………………122
　　练习题……………………………………………………………125
练习题参考答案……………………………………………………………129
参考文献……………………………………………………………………132

第一章 会计基础知识

知识目标：

了解：工商企业会计概念及职能、会计确认与计量、会计机构；

理解：会计核算对象、会计要素与会计科目；

掌握：会计基本假设和会计信息质量要求。

技能目标：

通过学习本章内容，加深学生对会计基础知识的理解，同时，培养学生严谨的工作态度。

第一节 工商企业会计概述

一、工商企业会计概念及职能

（一）工商企业概述

工业企业： 从事工业产品生产和销售的营利性经济组织。

商业流通企业： 从事商品购销的企业。包括商业、粮食、物资供销、供销合作社、对外贸易和图书发行等企业。

（二）工商企业会计的基本职能

1. 会计核算

会计核算的环节：确认、计量、记录和报告。

会计核算的要求：真实、准确、完整、及时。

举例：2010年5月7日A公司有如下活动：

（1）各业务部经理参见了商洽会，共签订合同三份。

（2）业务员报销差旅费。

（3）业务部收到订货单两份。

（4）收到销货款存入银行存款户。

（5）向银行提取备用金。

（6）董事会决定向远方公司投资。

思考：以上经济活动哪种说明涉及会计核算的内容？

解答：（2）、（4）、（5）三项经济活动使公司的经济资源发生变化，能以货币计量的经济活动，会计上要做出会计核算。

2. 会计监督

会计监督：会计人员在进行会计核算的同时，对特定的主体经济活动的合法性、合理性进行审查。

会计监督分类：对企业的经济活动的全过程进行监督，包括事后监督、事中监督及事前监督。

会计核算与会计监督是相辅相成、辩证统一的关系。

会计核算是会计监督的基础，没有核算所提供的各种信息，监督就失去了依据；会计监督是会计核算质量的保障，只有核算、没有监督，就难以保证核算所提供信息的真实性、可靠性。

二、会计基本假设和会计信息质量要求

（一）会计基本假设

是企业会计确认、计量和报告的前提，是对会计核算所处时间、空间环境等所作的合理设定。

1. 会计主体

《企业会计准则》：会计核算应当以企业发生的各项经济业务为对象，记录和反映企业本身的生产经营活动。

会计主体含义：指企业会计确认、计量和报告的空间范围（会计工作为之服务的特定单位）。

注意：凡是法律主体（法人）一定是会计主体；但会计主体不一定是法律主体。

举例：

（1）企业作为一个法律主体，应当建立财务会计系统，独立反映其财务状况、经营成果和现金流量；

（2）企业集团编制合并报表所依据的便是合并主体而非法律主体。

练习：（单项选择题）关于会计主体的概念，下列各项说法中不正确的是（　　）。

A. 可以是独立法人，也可以是非法人

B. 可以是一个企业，也可以是企业内部的某一个单位

C. 可以是一个单一的企业，也可以是由几个企业组成的企业集团

D. 当企业与业主有经济往来时，应将企业与业主作为同一个会计主体处理。

正确答案：D

2. 持续经营

持续经营是指在可以预见的将来，企业将会按当前的规模和状态继续经营下去。

《企业会计准则》规定：会计核算应当以企业持续正常的生产经营活动为前提。

3. 会计分期

《企业会计准则》规定：

会计核算应当划分会计期间、分期结算账目和编制会计报表。

会计期间分为年度和中期。中期是指短于一个完整的会计年度的报告期间。会计年度和中期均按公历起讫日期确定。

4. 货币计量

《企业会计准则》规定：会计核算以人民币为记账本位币。

(二) 会计信息质量要求

会计信息质量要求（也称会计核算一般原则）：是对企业财务报告中所提供的会计信息质量的基本要求，是使财务报告中所提供会计信息对使用者决策有用所应具备的基本特征，它包括：

1. 可靠性

可靠性是指以实际发生的交易或者事项为依据，如实反映。

包括三层含义：

（1）会计核算应当真实反映会计主体经济业务的实际情况；

（2）会计核算应当准确反映会计主体的财务情况；

（3）会计核算应当具有可验证性。

2. 相关性

相关性原则要求会计信息应当与财务会计报告使用者的经济决策需要相关，有助于财务会计报告使用者对企业过去、现在或者未来的情况作出评价或者预测。

3. 可理解性

可理解性是要求会计核算和编制的财务会计报告应当清晰明了，便于理解和使用。

4. 可比性

可比性是指会计核算应当按照规定的会计处理方法进行，会计指标应当口径一致、相互可比。

（1）同一企业对于不同时期发生的相同或者相似的交易或者事项，应当采用一致的会计政策，不得随意变更。

（2）不同企业发生相同或者相似的交易或者事项，应当采用规定的会计政策，确保会计信息口径一致、相互可比。

5. 实质重于形式

实质重于形式是要求企业应当按照交易或事项的经济实质进行会计确认、计量和报告，而不应当仅仅按照它们的法律形式作为会计核算的依据。

6. 重要性

重要性是要求企业提供的会计信息应当反映与企业财务状况、经营成果和现金流量有关的所有重要交易或事项。

《企业会计准则》规定：财务报告应当全面反映企业的财务状况和经营成果。对于重要的经济业务，应当单独反映。

而对于次要的会计事项，在不影响会计信息真实性和不至于误导使用者作出正确判断的前提下，可适当合并、简化处理。

7. 谨慎性

谨慎性是要求企业会计核算应当保持应有的谨慎，不高估资产或收益，不低估负债或费用。但谨慎原则并不意味着可以在没有潜在损失的情况下提取秘密准备，人为调节利润。

举例：存货 100 万购入，现价值 80 万。应该在报表上列示 80 万资产，20 万潜在损失。

8. 及时性

及时性是要求对于企业已经发生的交易或事项，应当及时进行会计确认、计量和报告，不得提前或延后。

及时性要求：一是要及时收集会计信息；二是要及时对会计信息进行加工处理；三是要及时传递会计信息。

三、会计核算对象、会计要素与会计科目

（一）会计对象

会计对象是指会计所核算和监督的内容，即特定主体能够以货币表现的经济活动。又称价值运动或资金运动。

（二）会计要素的含义及其种类

1. 会计要素的含义：即会计对象的具体化，也就是会计对象按照经济特征所作的最基本的分类。
2. 合理划分会计要素的目的：有利于反映产权关系和其他经济关系。
3. 会计要素的种类：资产、负债、所有者权益、收入、费用、利润。

（三）各种会计要素分析

1. 反映财务状况的会计要素

（1）资产

1) 概念：资产是指企业过去的交易或事项形成的、企业所拥有或控制的、预期会给企业带来经济利益的经济资源。

2) 特征：一是资产能够直接或间接地给企业带来经济利益。二是资产是为企业所拥有的，或者即使不为企业所拥有，也是企业所控制的。三是资产是由过去的交易或事项形成的。

举例：

① 下列各项中，不符合资产要素定义的是（　　）。

  A. 库存商品　　　　　　　　B. 委托加工物资
  C. 尚待加工的半成品　　　　D. 待处理财产损失

正确答案：D

② 甲公司为一食品零售企业，2009 年 12 月 31 日，甲公司在年末盘点某食品时，发现库存 100 件，查询当时的入库凭证为 2008 年 7 月 1 日，保质期为 12 个月。

提问：该库存属于企业资产吗？

解答：该库存食品已经过了保质期，不能给企业带了经济利益，所以不属于企业资产。

③ 甲公司为一物流企业，在生产经营旺季，从乙公司租入叉车一台，租期 3 个月；因生产发展需要，从丙公司融资租入叉车一台，该叉车预计使用年限为 10 年，租期为 9.5 年。

提问：如何对甲公司的租入叉车进行资产确认？

解答：

甲公司从乙公司租入的叉车不能确认为公司资产；

甲公司从丙公司租入的叉车应确认为公司资产。

3）种类：有如下划分：

① 按其是否具有实物形态分为：有形资产；无形资产。

② 按其来源不同分为：自有资产；租入资产。

③ 按其流动性不同分为：流动资产；非流动资产。

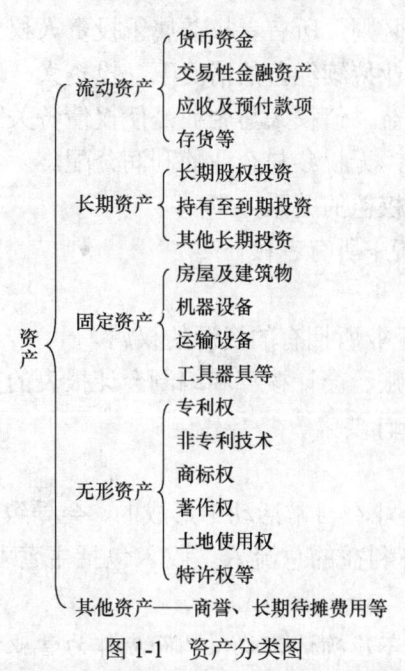

```
         ┌ 流动资产 ┬ 货币资金
         │         ├ 交易性金融资产
         │         ├ 应收及预付款项
         │         └ 存货等
         │
         ├ 长期资产 ┬ 长期股权投资
         │         ├ 持有至到期投资
         │         └ 其他长期投资
         │
资 产 ───┤ 固定资产 ┬ 房屋及建筑物
         │         ├ 机器设备
         │         ├ 运输设备
         │         └ 工具器具等
         │
         ├ 无形资产 ┬ 专利权
         │         ├ 非专利技术
         │         ├ 商标权
         │         ├ 著作权
         │         ├ 土地使用权
         │         └ 特许权等
         │
         └ 其他资产 ── 商誉、长期待摊费用等
```

图 1-1　资产分类图

（2）负债

1）定义：负债是指企业过去的交易或事项所形成的、预期会导致经济利益流出企业的现时义务。

2）特征：① 负债是由过去交易或事项而产生的；

举例：购置货物或使用劳务会产生应付账款；
　　　接受银行贷款会产生偿还贷款的义务。
② 负债是企业承担的现时义务；
③ 负债的清偿预期会导致经济利益流出企业。
3）种类：按偿还期的长短分：流动负债和长期负债。
流动负债包括：短期借款、应付票据、应付账款、预收账款、应付职工薪酬、应交税款、应付利息、应付股权、其他应收款。
非流动负债包括：长期借款、应付债券、长期应付款等。
（3）所有者权益
1）概念：所有者权益是指企业资产扣除负债后由所有者享有的剩余利益——股东权益（公司）。
2）组成内容：包括实收资本（或股本）、资本公积、盈余公积和未分配利润。盈余公积和未分配利润合称为留存收益。
3）基本特征：第一，除非发生减资、清算，企业不需要偿还所有者权益。
第二，企业清算时，只有在清偿所有的负债后，所有者权益才返还给所有者。
第三，所有者凭借所有者权益能够参与利润的分配。
所有者权益与负债的区别：所有者权益属于投资人权益，投资人享有利润分配权、企业管理权，但在企业持续经营的情况下，投资人一般不能抽回投资。
负债反映债权人的权益，债权人与企业是债权债务关系，债权人只享有按期收回债务本金和利息的权利，无权参与企业的利润分配。
资产、负债、所有者权益的关系
资产　　　＝　　负债＋所有者权益
　↓　　　　　　　↓
所拥有的资源　　企业所拥有的资源的权属
会计恒等式是复式记账、会计核算和编制会计报表的基础。

2. 反映经营成果的会计要素
（1）收入
1）含义：收入是指企业在日常活动中形成的、会导致所有者权益增加的、与所有者投入资本无关的经济利益的总流入。收入包括主营业务收入和其他业务收入两种。
注意：偶发性的收入不应确认为收入，而应作为营业外收入确认。
2）分类：按照企业经营业务的主次，可以分为主营业务收入和其他业务收入。
举例：
主营业务收入：销售商品、提供劳务等，如制造业的商品销售收入、服务业提供的服务收入等。
其他业务收入：经营业务收入除主营业务以外其他销售或收入，如销售不需要材料、出租无形资产、固定资产、包装物等。

3）收入的特点，如下：

第一，收入是从企业的日常活动中产生的；

第二，收入可能表现为企业资产的增加，也可能表现为企业负债的减少，或者兼而有之；

第三，收入能导致企业所有者权益的增加；

第四，收入只包括本企业经济利益的流入，不包括为第三方或客户代收的款项。

（2）费用

1）含义：费用是指企业在日常活动中形成的、会导致所有者权益减少的、与向所有者分配利润无关的经济利益的总流出。

2）分类：包括计入产品成本的费用（生产费用）和记入当期损益的费用（三种期间费用）。

3）费用的特征，如下：

第一，费用最终将会减少企业的资源；

第二，费用最终会减少企业的所有者权益。

4）费用与成本联系、区别：

联系主要表现在：成本是按一定的产品而言所发生的费用，是按照产品品种等成本计算对象对当期发生的费用进行归集而形成的。

区别主要表现在：费用是资产的耗费，它与一定的会计期间相联系，而与生产哪一种产品无关；成本与一定种类和数量的产品相联系，而不论发生在哪一个会计期间。

企业的产品销售后，其生产成本就转化为销售当期的费用，称为产品销售成本或主营业务成本。

（3）利润

利润是企业在一定会计期间的经营成果。

反映的是企业的经营业绩情况。

$$利润＝收入－费用＋直接计入当期利润的利得（－损失）$$

直接计入当期利润的利得和损失：

是指应当计入当期损益，最终会引起所有者权益发生增减变动的，与所有者投入资本或者向所有者分配利润无关的利得或者损失。

利润是编制利润表的基础。

3. 会计科目

会计科目是对会计对象的具体内容进行分类核算所规定的项目。

意义：会计科目是进行各项会计记录和提供各项会计信息的基础。

分类：

1）按反映的经济内容分：资产类科目、负债类科目、共同类科目、所有者权益类科目、成本类科目、损益类科目。

2）按提供指标的详细程度分：总分类科目：又称一级科目，它是对会计要素的具体内容进行总括分类的科目，一般由国家会计制度统一规定，各单位根据实际情况参照选用。

明细分类科目：是对会计要素的具体内容进行详细分类的科目。一般分为两级，直接从属于总账科目的，叫二级明细科目或子目，对二级科目再进行细分的称为三级科目或细目。

举例：应交税费——应交增值税
　　　（一级科目）（二级科目）
　　　　库存商品 ——音响—— 长虹
　　　　　　　　 ——音响—— 创维
　　　（一级科目）（二级科目）（三级科目）

（四）会计确认与计量

1. 会计确认

（1）定义：会计确认就是将某一项目作为某一会计要素正式记入账册，进而在期末正式列入财务报表的过程。

（2）步骤：

初始确认——会计记录

再确认　——数据筛选、浓缩，列示
　　　　　　财务报表对外披露

2. 会计计量

会计计量是为了将符合确认条件的会计要素登记入账并列于财务报表而确认其金额的过程。

（1）历史成本：实际成本

特点：是从购置的角度、采用的是当时价格进行计量。

举例：2007年12月31日，甲公司自行建造一栋办公楼，工程造价2 000万元，则历史成本为2 000万元。

（2）重置成本

特点：是从购置的角度、采用现时价格进行计量。

举例：2007年12月31日，甲公司自行建造一栋办公楼，工程造价2 000万元，则历史成本为2 000万元；如果2008年12月末重新建造该办公楼，需要投入2 500万元，则该办公楼重置成本为2 500万元。

（3）可变现净值

特点：是从销售的角度、采用现时价格进行计量，适用于存货。

举例：2008年3月8日，甲公司购入一批服装，总成本为100万元，则库存商品的历史成本为100万元；2008年12月31日，该批服装预计售价为90万元，预计相关销售费用和相关税金为5万元，则可变现净值为85万元。

（4）现值

特点：是从未来现金流量的角度，考虑货币时间价值。主要适用于长期资产。

（5）公允价值

在公允价值计量下，资产和负债按照在公平交易中，熟悉情况的交易双方自愿进行资产交换或者债务清偿的金额计量。简单地说，公允价值就是公平市价。

注意：企业在对会计要素进行计量时，一般应当采用历史成本。

若采用其他属性，应当保证所确定的会计要素金额能够取得并可靠计量。

第二节 会计机构及岗位设置

一、会计机构

（一）会计机构的设置

《会计法》对设置会计机构问题做出的规定：各单位应当根据会计业务的需要，设置会计机构，或者在有关机构中设置会计人员并指定会计主管人员；不具备设置条件的，应当委托经批准设立从事会计代理记账业务的中介机构代理记账。

1. 单位会计机构的设置

（1）根据业务需要设置会计机构。各单位是否设置会计机构，应当根据会计业务的需要来决定，即各单位可以根据本单位会计业务的繁简情况决定是否设置会计机构。

考虑如下因素：

第一，单位规模的大小；

第二，经济业务和财务收支的繁简；

第三，经营管理的要求。（最基本的）

（2）不具备设置会计机构条件的，应当委托经批准设立从事会计代理记账业务的中介机构代理记账。

二、会计岗位设置

（一）会计工作岗位设置要求

《会计基础工作规范》提出了以下示范性的要求：

1. 根据本单位会计业务的需要设置会计工作岗位。

2. 符合内部牵制制度的要求。根据规定，会计工作岗位可以一人一岗、一人多岗或者一岗多人，但出纳人员不得兼任稽核、会计档案保管和收入、费用、债权债务账目的登记工作。

3. 对会计人员的工作岗位要有计划地进行轮岗，以促进会计人员全面熟悉业务和不断提高业务素质。

4. 要建立岗位责任制。

（二）会计适用岗位

1. 常用岗位

会计机构负责人（会计主管人员）；出纳；稽核；资本、基金核算；收入、支出、债权债务核算；工资、成本费用、财务成果核算；财产物资的收发、增减核算；（非收发人员）总账；财务会计报告编制；会计机构内会计档案管理等。

2. 企业常设岗位：会计机构负责人、会计、出纳。

练 习 题

一、单项选择题

1. 下列不属于会计核算职能的是（   ）。
    A. 确定经济活动是否应该或能够进行会计处理
    B. 审查经济活动是否违背内部控制制度的要求
    C. 将已经记录的经济活动内容进行计算和汇总
    D. 编制会计报表提供经济信息

2. 下面关于会计对象说法不正确的是（   ）。
    A. 会计对象是指会计所要核算与监督的内容
    B. 特定主体能够以货币表现的经济活动，都是会计核算和监督的内容
    C. 企业日常进行的所有活动都是会计对象
    D. 会计对象就是社会再生产过程中的资金运动

3. 下列不属于谨慎性原则的是（   ）。
    A. 不高估资产　　　　　　　　　　B. 不低估负债
    C. 预计可能发生的收益　　　　　　D. 合理核算可能发生的损失

4. 下列不属于资产的特征有（   ）。
    A. 过去的交易或事项形成
    B. 预期会导致经济利益流出企业的现时义务
    C. 企业所有用或者控制的
    D. 预期能够给企业带来的经济利益

5. 所有者权益从数量上看，是（   ）的余额。
    A. 流动资产减去流动负债　　　　　B. 长期资产减去长期负债
    C. 全部资产减去流动负债　　　　　D. 全部资产减去全部负债

6. 《企业会计准则》规定，企业的日常经营收入不包括（   ）。
    A. 销售商品的收入

B. 提供劳务的收入

C. 因他人使用本企业资产取得的收入

D. 出售固定资产的收入

7. 会计利用货币计价，主要从（　　）方面反映经济活动。

　　A. 生产经营活动　　B. 实物

　　C. 数量　　　　　　D. 价值量

8. 会计的基本职能是（　　）。

　　A. 反映和考核　　B. 核算和监督　　C. 预测和决策　　D. 分析和管理

9. 以下内容属于流动负债的是（　　）。

　　A. 预收账款　　B. 预付账款　　C. 应付债券　　D. 两年期借款

10. 会计核算应当按规定的会计处理方法进行，会计指标应当口径一致。这是下列哪项会计信息质量要求（　　）。

　　A. 可比性　　　B. 一贯性　　　C. 谨慎性　　　D. 明晰性

11. 下列各要素中不是反映财务状况的要素是（　　）。

　　A. 资产　　　　B. 负债　　　　C. 收入　　　　D. 所有者权益

12. 持续经营是建立在（　　）的基础上的。

　　A. 权责发生制原则　　　　　B. 会计主体

　　C. 会计分期　　　　　　　　D. 货币计量

13. 下列项目中不属于收入的范围是（　　）。

　　A. 商品销售收入　　　　　　B. 劳务收入

　　C. 租金收入　　　　　　　　D. 代收款项

14. 下列各项属于资金退出的是（　　）。

　　A. 支付工人工资　　　　　　B. 分配利润

　　C. 购买原料　　　　　　　　D. 支付电费

15. 考虑单位会计机构的设置最基本要素是（　　）。

　　A. 单位规模的大小　　　　　B. 经济业务的多少

　　C. 经营管理的要求　　　　　D. 财务收支的繁简

16. 下列选项中，出纳人员不得兼任的会计工作是（　　）。

　　A. 稽核　　　　　　　　　　B. 登记银行存款日记账

　　C. 工资的结算　　　　　　　D. 登记库存现金日记账

17. 会计科目是对（　　）的具体内容进行分类核算所规定的项目。

　　A. 会计要素　　B. 经济业务　　C. 会计对象　　D. 会计报表

18. 下列项目中，属于所有者权益的是（　　）。

　　A. 资本公积　　B. 累计折旧　　C. 管理费用　　D. 生产成本

19. 下列选项中，属于从购置的角度、采用现时价格进行计量的是（　　）。

　　A. 历史成本　　B. 公允价值　　C. 可变现净值　　D. 重置成本

20. 下列选项中适用于可变现净值计量的是（　　）。
   A. 存货　　　B. 长期资产　　　C. 收入　　　D. 所有者权益

二、判断题

1. 费用是资产的耗费，它与一定的会计期间相联系，而与生产哪一种产品无关。（　　）

2. 资产与负债和所有者权益实际上是企业所拥有的经济资源在同一时点上所表现的不同形式。（　　）

3. 对于明细分类科目较多的总账科目，不可在总分类科目下设置多级科目。（　　）

4. 凡是能够以数量表现的经济活动，都是会计核算和监督的内容，也就是会计的对象。（　　）

5. 会计监督职能是指会计人员在进行会计核算之后，对特定的主体经济活动的合法性、合理性进行审查。（　　）

6. 会计主体不一定是法律主体，但法律主体必然是会计主体。（　　）

7. 按照企业会计制度规定，我国会计年度采用公历年度，即从 1 月 1 日到 12 月 31 日为一个会计年度。（　　）

8. 按谨慎性原则要求，应充分预计可能发生的损失而不预计赢利。（　　）

9. 会计核算方法应前后各期一致，不得随意变更，这是可比性原则的要求。（　　）

10. 重要性原则是指在会计核算中对重要的会计事项应重点说明，而非重要的会计事项可以忽略。（　　）

11. 预算会计和企业会计的记账基础是一致的。（　　）

12. 签订经济合同是一项经济活动，因此属于会计对象。（　　）

13. 会计核算所提供的会计信息是会计监督的依据。（　　）

14. 销售商品未收到款项也应确认其为收入。（　　）

15. 会计监督包括：事前监督、事中监督和事后监督。（　　）

16. 偶发性的收入不应确认为收入，而应作为营业外收入确认。（　　）

17. 企业在对会计要素进行计量时，一般应当采用重置成本。（　　）

18. 会计工作岗位必须是一人一岗。（　　）

19. 不具备设置会计机构条件的，应当委托经批准设立从事会计代理记账业务的中介机构代理记账。（　　）

20. 会计主体是指企业会计确认、计量和报告的空间范围。（　　）

第二章　主管会计和出纳核算岗位

知识目标：

重点要求学员了解会计和出纳的岗位职责，以便让学员对会计和出纳工作初步认识，为以后的进一步学习会计和出纳岗位涉及的经济业务核算打下理论基础。

技能目标：

通过学习本章内容，让学生能够熟悉会计和出纳工作的内容，提升学生对会计和出纳工作的认同度，以及提升自己的职业操守素质。

一、主管会计岗位主要职责

1. 编制并执行财务预、决算，遵守财务制度，严格执行财经纪律，严格按照开支范围和标准合理使用经费。加强预算内外资金的核算和管理。

2. 执行会计制度，做好记账、算账、凭证真实可靠，手续完备，数据准确，账目清楚，做到账证相符、账账相符、账表相符，如实全面反映学校资金活动情况。

3. 进行财务分析，给相关部门提供财务数据及报告。

4. 按期按计划拨款，按时结账，做好内部审计工作。

5. 保管好会计凭证、账册、报表等档案资料，及时整理、装订，按期送档案室收档保存。

6. 模范遵守、忠诚维护财经制度、财经纪律，不假公济私，不挪用公款，不营私舞弊，不贪占国家资金。与出纳配合，搞好财务工作。

7. 会计期末结账、对账。

8. 编制财务报告。

9. 监督单位调动及离职人员，及时办好各类交接手续。

10. 完成领导交办的其他工作：（1）对公司重大项目的投资有知情权、建议权；（2）参与重大经济事项的研讨权。

二、出纳岗位主要职责

出纳的日常工作主要包括货币资金核算、往来结算、工资核算三个方面的内容。

1. 要认真审查各种报销或支出的原始凭证，对违反国家规定或有误差的，要拒绝办理报销手续。

2. 要根据原始凭证，记好现金和银行日记账。书写整洁、数字准确、日清月结。

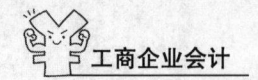

3. 严格遵守现金管理制度，库存现金不得超过定额，不坐支，不挪用，不得用白条抵顶库存现金，保持现金实存与现金账面一致。

4. 负责支票签发管理，不得签发空头支票，按规定设立支票领用登记簿。

5. 加强安全防范意识和安全防范措施，严格执行安全制度，认真管好现金、各种印章、空白支票、空白收据及其他凭证。

6. 负责作好工资、奖金、医药费等造册发放工作。

7. 及时与银行对账，作好银行对账调节表。

8. 根据规定和协议，作好应收款工作，定期向主管领导汇报收款情况。

9. 严格遵守、执行国家财经法律法规和财会制度，作好出纳工作。

第三章 货币资金核算岗位

知识目标：

了解：货币资金的概述、现金管理有关规定、银行存款管理制度、其他货币资金定义及种类；

熟悉：库存现金的概念；

掌握：库存现金、银行存款、其他货币资金经济业务核算。

技能目标：

通过学习本章内容，提高学生对会计各项工作的规范性，同时培养学生认真、踏实的工作态度。

第一节 货币资金概述

一、货币资金内容

（一）货币资金的概念

货币资金是企业资金周转过程中以货币形态存在的流动资产。

（二）内容

1. 库存现金；
2. 银行存款；
3. 其他货币资金。

二、货币资金的内部控制

1. 严格职责分工；
2. 实行交易分开；
3. 实施内部稽核；
4. 实施定期轮岗制度。

第二节 库存现金

一、库存现金的概念

1. 狭义现金是指企业的库存现金。包括库存的、用于日常零星开支的人民币和外币现金。

2. 广义的现金：除库存现金外，还包括银行存款和其他符合现金定义的票证。

3. 货币资金中，库存现金的流动性最大。

二、现金管理的有关规定

依据1997年6月23日国务院批准，1997年8月21日中国人民银行发布的《现金管理暂行条例》

（一）现金的使用范围

（1）职工的工资、津贴。

（2）个人的劳务报酬。

（3）根据国家规定颁发给个人的科学技术、文化艺术、体育等各种奖金。

（4）各种劳保、福利费用及国家规定的对个人的其他支出。

（5）向个人收购农副产品和其他物资的价款。

（6）出差人员必须随身携带的差旅费。

（7）结算起点（现行会计实务中为1000元）以下的零星开支。

（8）中国人民银行确定需要支付现金的其他支出。

（二）库存现金的限额

为了加强现金管理，保证各单位日常零星开支的需要，《现金管理暂行条例》规定，凡在银行开户的单位，银行根据实际需要，核定3~5天日常零星开支所需的库存现金限额；边远地区和交通不便地区的开户单位，可多于5天，但不得超过15天的日常零星开支。日常零星开支需要量不包括企业每月发放工资和不定期差旅费等大额现金支出。

企业需要增加或减少库存现金限额时，应向开户银行提出申请，由开户银行核定。

（三）现金的日常收支控制

企业的现金收入应于当日送存开户银行，当日送存确有困难的，由开户银行确定送存时间。

在现金的日常控制中，我们要严格做到：

1. 企业不得擅自坐支现金。

（坐支：用收入的现金直接支付支出的。）

2. 不准用不符合制度的凭证顶替库存现金，即不得"白条顶库"。

3. 不准用银行账户代其他单位和个人存入或支取现金。

4. 不准用单位收入的现金以个人名义存储。

5. 不准保留账外公款，不得设置"小金库"。

（四）库存现金管理的内部控制制度

1. 钱账分管制度

企业应配备专职的出纳员，办理库存现金收付和结算业务、登记库存现金和银行存款日记账、保管库存现金和各种有价证券、保管好有关印章、空白收据和空白支票；

出纳员不得兼管稽核、会计档案保管和收入、费用、债权债务账目的登记工作。

2. 现金开支审批制度

（1）明确企业库存现金开支范围；

（2）明确各种报销凭证，规定各种库存现金支付业务的报销手续和办法；

（3）确定各种现金支出的审批权限。

3. 库存现金日清月结制度

日清是指出纳员应对当日的库存现金收付业务全部登记库存现金日记账，结出账面余额，并与库存现金核对相符；

月结是指出纳员必须对库存现金日记账按月结账；并定期进行库存现金清查。

4. 库存现金保管制度

（1）超过库存限额以外的库存现金应在下班前送存银行；

（2）除工作时间需要的小量备用金可存在出纳员的抽屉内，其余应放入保险柜内，不得随意存放；

（3）限额内的库存现金当日核对清楚后，一律放入保险柜内，不得放在办公桌内过夜；

（4）单位的库存现金不准以个人名义存入银行；

（5）库存的纸币和铸币，应实行分类保管。

三、库存现金经济业务核算

企业设置"库存现金"科目。该科目属资产类科目，借方登记现金的增加，贷方登记现金的减少，期末借方余额反映库存现金的余额。

（借）	库存现金	（贷）
库存现金增加		库存现金减少
余额：结存的现金		

（一）库存现金收入的核算

企业收入现金的主要途径有：

1. 职工交回的差旅费剩余款；

2. 收取销售给不能转账的集体或个人销货款；

3. 收取转账起点以下的小额销售款；

4. 从银行提取现金等。

企业收入现金时，根据审核无误的记账凭证，借记"库存现金"科目，贷记有关科目。

练习

（1）企业签发现金支票一张，提取 1 000 元。如何编制会计分录？

借：库存现金　　　　　　　　　　　　　　　　　　1 000
　　贷：银行存款　　　　　　　　　　　　　　　　　　1 000

（2）出售废旧残料 750 元。如何编制会计分录？

借：库存现金　　　　　　　　　　　　　　　　　　　750
　　贷：其他业务收入　　　　　　　　　　　　　　　　750

（二）现金支出的核算

企业支出现金时，根据审核无误的记账凭证，借记有关科目，贷记"库存现金"科目。

练习

（1）将现金 550 元送存银行。如何编制会计分录？

借：银行存款　　　　　　　　　　　　　　　　　　　550
　　贷：库存现金　　　　　　　　　　　　　　　　　　 550

（2）企业行政部门购买办公用品，支付现金 460 元。如何编制会计分录？

借：管理费用——办公用品　　　　　　　　　　　　　460
　　贷：库存现金　　　　　　　　　　　　　　　　　　 460

（3）采购员李强出差，预借差旅费 1 000 元。如何编制会计分录？

借：其他应收款——李强　　　　　　　　　　　　　1 000
　　贷：库存现金　　　　　　　　　　　　　　　　　　1 000

（三）库存现金的清查

1. 库存现金的清查包括出纳人员每日的清点核对和清查小组定期和不定期的清查。现金清查的基本方法是实地盘点。

2. 现金的清查工作一般由清查小组主持，清查盘点时，出纳人员应在场。清查完毕，应编制"现金盘点报告表"，列明实存、账存与盈亏金额，以便据此进行现金的管理和盈亏的核算。

3. 现金清查的会计处理

现金的长款或短款一般先通过"待处理财产损益——待处理流动资产损益"科目进行核算，待查明原因后，再根据不同原因及处理结果，将其转入有关科目。

（借）	待处理财产损益	（贷）
现金短款		现金长款

具体核算过程如下：

（1）如为现金溢余

发现时

借：库存现金
　　贷：待处理财产损益——待处理流动资产损益处理
借：待处理财产损益——待处理流动资产损益
　　贷：营业外收入（属于无法查明原因的）
　　　　其他应付款——应付现金溢余（属于应支付给有关人员或单位的）
举例：
库存现金清查中，发现实存数大于账面余额100元。编制会计分录如下：
（1）审批前：
借：库存现金　　　　　　　　　　　　　　　　　　　　　100
　　贷：待处理财产损益—待处理流动资产损益　　　　　　　　　100
（2）审批后：
如果核查后属于应支付给其他单位：
借：待处理财产损益——待处理流动资产损益　　　　　　　100
　　贷：其他应付款——××单位　　　　　　　　　　　　　　　100
如果核查后原因不明，经批准作为营业外收入：
借：待处理财产损益——待处理流动资产损益　　　　　　　100
　　贷：营业外收入　　　　　　　　　　　　　　　　　　　　　100
（3）如为现金短缺
发现时
借：待处理财产损益——待处理流动资产损益
　　贷：库存现金
处理
借：其他应收款——应收现金短款（出纳员××）
　　　　　　　——应收保险赔款（××保险公司）
　　管理费用——现金短款（无法查明原因）
　　贷：待处理财产损益——待处理流动资产损益
举例：
库存现金清查中，发现现金短缺80元。
（1）审批前：
借：待处理财产损益——待处理流动资产损益　　　　　　　80
　　贷：库存现金　　　　　　　　　　　　　　　　　　　　　　80
（2）审批后：
如果属于出纳人员的责任，应由出纳人员赔偿：
借：其他应收款——出纳员　　　　　　　　　　　　　　　80
　　贷：待处理财产损益——待处理流动资产损益　　　　　　　　80
当出纳人员交回赔款时：

借：库存现金 80
　　贷：其他应收款——出纳员 80
如果属于无法查明原因的，应作为管理费用处理。
借：管理费用 80
　　贷：待处理财产损益——待处理流动资产损益 80

第三节　银 行 存 款

一、银行存款管理制度

依据：2002年8月21日第34次通过行长办公会议，2003年9月1日施行《银行账户管理办法》。

（一）银行存款账户的开设

1. 基本存款账户

基本存款账户是企业办理日常转账结算和现金收付的账户。

企业的工资、奖金等现金的支取，只能通过基本存款账户办理；一个企业只能选择一家银行的一个营业机构开立一个基本存款账户。

2. 一般存款账户

一般存款账户是企业在基本存款账户以外的银行借款转存、与基本存款账户的企业不在同一地点的附属非独立核算单位开立的账户。

企业可以通过本账户办理转账结算和现金缴存，但不能办理现金支取；企业不得在同一家银行的几个分支机构开立。

3. 临时存款账户

企业因临时经营活动需要开立的账户，企业可以通过本账户办理转账结算和根据国家现金管理的规定办理现金收付。

4. 专用存款账户

企业因特定用途需要开立的账户。

（二）银行结算纪律

中国人民银行《支付结算办法》规定：

1. 单位和个人办理支付结算，不准签发没有资金保证的票据或远期支票，套取银行信用；

2. 不准签发、取得和转让没有真实交易和债权债务的票据，套取银行和他人资金；

3. 不准无理拒绝付款，任意占用他人资金；

4. 不准违反规定开立和使用账户。

（三）支付结算方式

1. 支票

支票是出票人签发的，委托办理支票存款业务的银行在见票时无条件支付确定的金额给收款人或者持票人的票据。

支票上印有"现金"字样的为现金支票，现金支票只能用于支取现金；支票上印有"转账"字样的为转账支票，转账支票只能用于转账。未印有"现金"或"转账"字样的为普通支票，普通支票可以用于支取现金，也可以用于转账。在普通支票左上角划两条平行线的，为画线支票，画线支票只能用于转账，不得支取现金。

2. 银行本票

银行本票是银行签发的、承诺自己在见票时无条件支付确定的金额给收款人或者持票人的票据。

银行本票分定额本票和不定额本票。定额本票面额有 1 000 元、5 000 元、10 000 元和 50 000 元。

银行本票的付款期限为自出票日起最长不超过 2 个月。

3. 银行汇票

银行汇票是指汇款人将款项交存当地出票银行，由出票银行签发的，由其在见票时按照实际结算金额无条件支付给收款人或者持票人的票据。

银行汇票的付款期限为 1 个月。

银行汇票可以用于转账，填明"现金"字样的也可以用于支取现金。

4. 商业汇票

商业汇票是出票人签发的，委托付款人在指定日期无条件支付确定的金额给收款人或者持票人的票据。

商业汇票按其承兑人不同分为商业承兑汇票和银行承兑汇票两种。

商业汇票的付款期限由交易双方商定，但最长不得超过 6 个月。

商业汇票可以背书转让。

5. 信用卡

是指商业银行向个人和单位发行的，凭以向特约单位购物、消费和向银行存取现金，且具有消费信用的特制载体卡片。

信用卡按使用对象分为单位卡和个人卡；按信誉等级分为金卡和普通卡。

单位卡账户的资金一律从其基本存款账户转账存入，不得交存现金，不得将销货收入的款项存入其账户。

6. 汇兑

汇兑是汇款人委托银行将其款项支付给收款人的结算方式。

汇兑分为信汇、电汇两种。信汇是指汇款人委托银行通过邮寄方式将款项划给收款人；电汇是指汇款人委托银行通过电报将款项划给收款人。汇兑结算方式适用于异地之间的各种款项结算。

7. 委托收款

委托收款是收款人委托银行向付款人收取款项的结算方式。

委托收款在同城、异地均可以办理，不受金额起点限制。

委托收款结算款项划回的方式分为邮寄和电报两种，由企业选择使用。

8. 托收承付

托收承付是根据购销合同由收款人发货后委托银行向异地付款人收取款项，由付款人向银行承认付款的一种结算方式。

托收承付结算每笔的金额起点为 10 000 元。新华书店系统每笔金额起点为 1 000 元。

收、付款单位必须是国有企业、供销合作社以及经济管理较好，并经开户银行审查同意的城乡集体所有制工业企业。

代销、寄销、赊销商品的款项，不得办理托收承付结算。

9. 信用证

信用证是指开证银行依据申请人的申请开出的、凭符合信用证条款的单据支付的付款承诺。

信用证只限于转账结算，不得支取现金。信用证与作为其依据的购销合同相互独立，银行在处理信用证业务时，不受购销合同约束。

二、银行存款经济业务核算

（一）银行存款增加和减少的核算

企业设置"银行存款"科目。该科目属于资产类科目，借方登记收入的存款数额，贷方登记支出的存款数额，月末借方余额反映企业银行存款的结余数额。

举例：

（1）企业销售产品，收到货款 20 000 元和增值税 3 400 元，均存入银行。

借：银行存款　　　　　　　　　　　　　　　　　　　　23 400
　　贷：主营业务收入　　　　　　　　　　　　　　　　　20 000
　　　　应交税费——应交增值税（销项税）　　　　　　　3 400

（2）企业行政部门开出一张转账支票支付绿化费 3 000 元。

借：管理费用——绿化费　　　　　　　　　　　　　　　3 000
　　贷：银行存款　　　　　　　　　　　　　　　　　　　3 000

（二）银行存款的清查

1. 核对账目

（1）银行存款日记账与银行存款收、付款凭证核对，做到账证相符。

（2）每月终了，银行存款日记账与银行存款总账核对，做到账账相符。

（3）银行存款日记账与银行开出的银行存款对账单核对，以便准确地掌握企业可运用的银行存款实有数。

2. 未达账项

未达账项：是由于企业与银行之间由于传递方式和入账时间不一致，造成一方已记账而另一方未记账的款项。

未达账款的四种情况：

（1）银行已记作企业的存款增加，而企业尚未收到收款通知，尚未记账的款项。如托收货款、存款利息等。

（2）银行已记作企业存款减少，而企业尚未收到付款通知，尚未记账的款项。如银行代企业支付公用事业费、向企业收取的借款利息等。

（3）企业已记作银行存款增加，而银行尚未办妥入账手续的款项。如企业存入的转账支票。

（4）企业已记银行存款减少，而银行尚未支付的款项。如企业已开出的转账支票，对方尚未到银行办理转账手续的款项等。

说明：

在核对账目中，对未达账项应编制银行存款余额调节表进行调节。调节后，双方余额如果相等，一般说明记账没有错误；如果不相等，应进一步查找原因，更正错误记录。但"银行存款余额调节表"不能作为调整账簿记录的依据。

举例：

某企业 2010 年 6 月 30 日"银行存款日记账"余额为 6 450 元，银行对账单余额为 10 000 元，经逐笔核对，发现有下列未达账项：

（1）6 月 30 日，银行已收到企业向某单位收取的销货款 1 400 元，并已入账，而企业尚未入账。

（2）6 月 30 日，银行已划转企业应付的短期借款利息 850 元，而付款通知尚未到达企业。

（3）6 月 30 日，企业送存转账支票 2 000 元，而银行尚未办理转账。

（4）6 月 30 日，企业开出转账支票支付货款 5 000 元，而银行尚未办理转账。

表 3-1　银行存款余额调节表

项目	金额	项目	金额
银行对账单的余额	10 000	银行存款日记账余额	6 450
加：企业已收银行未收	2 000	加：银行已收企业未收	1 400
减：企业已付银行未付	5 000	减：银行已付企业未付	850
调节后余额	7 000	调节后余额	7 000

练习

某企业 20××年 9 月 30 日银行存款日记账账面余额为 51 300 元；银行对账单余额为 53 000 元。经查对发现有以下未达账项：

（1）29 日企业存入银行一张转账支票，金额 3 900 元，银行尚未入账；（银行

未加）

（2）29日银行收取企业借款利息400元，企业尚未收到付款通知；（企业未减）

（3）30日企业委托银行收款4 100元，银行已入账，企业尚未收到收款通知；（企业未加）

（4）30日企业开出转账支票一张，金额1 900元，持票单位尚未到银行办理手续。（银行未减）

表 3-2　银行存款余额调节表

20××年9月30日　　　　　　　　　　　　　　　　　　　　单位：元

项　目	金额	项　目	金额
银行对账单余额	53 000	企业银行存款日记账余额	51 300
加：企业已收，银行未收	3 900	加：银行已收，企业未收	4 100
减：企业已付，银行未付	1 900	减：银行已付，企业未付	400
调节后的存款余额	55 000	调节后的存款余额	55 000

第四节　其他货币资金

一、其他货币资金定义及种类

（一）定义

其他货币资金：是指企业除库存现金、银行存款以外的各种货币资金。

（二）种类

外埠存款、银行汇票存款、银行本票存款、信用证存款、信用卡存款和存出投资款等。

二、其他货币资金经济业务核算

1. 存入款项时

借：其他货币资金——外埠存款
　　　　　　　　——银行汇票
　　　　　　　　——银行本票
　　　　　　　　——信用卡
　　　　　　　　——信用证存款
　　　　　　　　——存出投资款

　　贷：银行存款

2. 购买材料

借：原材料等科目
　　应交税费——应交增值税（进项税额）

贷：其他货币资金——外埠存款
　　　　　　　　　——银行汇票
　　　　　　　　　——银行本票
　　　　　　　　　——信用证存款
3. 用信用卡消费
借：管理费用
　　贷：其他货币资金——信用卡
4. 购买股票、债券
借：短期投资
　　贷：其他货币资金——存出投资款

举例：

1. 北京高强公司以银行存款支付银行汇票存款 14 000 元。（办理汇票）
借：其他货币资金——银行汇票存款　　　　　　　　14 000
　　贷：银行存款　　　　　　　　　　　　　　　　　　14 000
2. 以银行汇票支付采购材料价款 10 000 元，增值税 1 700 元，材料已入库。（汇票支付）
借：原材料　　　　　　　　　　　　　　　　　　　10 000
　　应交税费——应交增值税（进项税额）　　　　　　 1 700
　　贷：其他货币资金——银行汇票存款　　　　　　　 11 700
3. 将银行汇票余额 2 300 元转销。（余款）
借：银行存款　　　　　　　　　　　　　　　　　　　2 300
　　贷：其他货币资金——银行汇票存款　　　　　　　　2 300
4. 企业将 270 000 元汇往山西太原开立采购物资专户。在太原的采购中，通过该账户支付了材料价款 230 000 元，增值税 39 100 元，材料已入库。结算结束后，将多余的外埠存款转回北京的开户银行。编制开立采购专户、支付货款和将余款转回的会计分录。

（1）企业将款项汇往外地开立采购物资专户：
借：其他货币资金——外埠存款　　　　　　　　　　270 000
　　贷：银行存款　　　　　　　　　　　　　　　　　　270 000
（2）采购支付材料价款和增值税：
借：原材料　　　　　　　　　　　　　　　　　　　230 000
　　应交税费——应交增值税（进项税额）　　　　　　39 100
　　贷：其他货币资金——外埠存款　　　　　　　　　　269 100
（3）将多余的外埠存款转回北京开户银行：
借：银行存款　　　　　　　　　　　　　　　　　　　　900
　　贷：其他货币资金——外埠存款　　　　　　　　　　　900

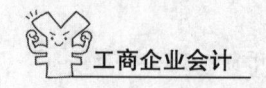

练 习 题

一、单项选择题

1. 根据《现金管理暂行规定》的要求，结算起点为（　　）。
   A. 1 000 元以下　　B. 1 000 元　　C. 2 000 元　　D. 1 000 元以上
2. 下列属于出纳人员经办的有（　　）。
   A. 办理现金收付业务、每日盘点现金
   B. 登记现金和银行存款日记账、收入、费用类账目的登记
   C. 各项业务的稽核
   D. 保管全部印章、有价证券
3. 现金清查中无法查明原因的短款（盘亏），经批准后计入（　　）账户核算。
   A. 管理费用　　B. 财务费用　　C. 其他应收款　　D. 营业外支出
4. 主要用于办理日常转账结算和现金收付业务的银行存款账户是（　　）。
   A. 专用存款账户　　　　　　B. 临时存款账户
   C. 一般存款账户　　　　　　D. 基本存款账户
5. 下列不通过"其他货币资金"科目核算的是（　　）。
   A. 外埠存款　　　　　　　　B. 银行汇票
   C. 信用证存款　　　　　　　D. 商业汇票
6. 企业银行存款日记账与银行对账单的核对，属于（　　）。
   A. 账实核对　　　　　　　　B. 账证核对
   C. 账账核对　　　　　　　　D. 账表核对
7. 在记账无误的情况下，银行对账单与企业银行存款日记账账面不一致的原因是因为（　　）。
   A. 应付账款造成的　　　　　B. 由于未达账项造成的
   C. 由于坏账损失造成的　　　D. 应收账款造成的
8. 出售废旧材料 900 元，会计分录正确的是（　　）。
   A. 借：库存现金　　　900　　B. 借：银行存款　　　900
   　　贷：主营业务收入 900　　　　贷：其他业务收入 900
   C. 借：库存现金　　　900　　D. 借：银行存款　　　900
   　　贷：其他业务收入 900　　　　贷：主营业务收入 900
9. 银行汇票的付款期限为（　　）。
   A. 1 个月　　B. 10 日　　C. 6 个月　　D. 2 个月
10. 下列选项中，不属于货币资金的是（　　）。
    A. 银行存款　　　　　　　　B. 其他货币资金

C. 库存现金 D. 实收资本

11. 边远地区和交通不便地区的开户单位，可多于 5 天，但不得超过（　　）的日常零星开支。

　　A. 10 天　　　B. 1 个月　　　C. 15 天　　　D. 5 天

12. 下列项目中，不允许使用现金的是（　　）。

　　A. 向个人收购废旧物资　　　B. 支付个人劳动报酬
　　C. 出差借支差旅费　　　　　D. 购置固定资产

13. （　　）是企业流动最强的货币资金。

　　A. 库存现金　　　　　　　　B. 银行本票存款
　　C. 外埠存款　　　　　　　　D. 信用证存款

14. 清查库存现金时，发现库存数大于账面数，有待查明原因，则应（　　）。

　　A. 贷记"库存现金"　　　　　B. 贷记"待处理财产损益"
　　C. 借记"待处理财产损益"　　D. 贷记"其他应付款"

15. 企业现金清查中，经检查仍无法查明原因的现金短款，经批准后应计入（　　）。

　　A. 管理费用　　　　　　　　B. 财务费用
　　C. 冲减营业外收入　　　　　D. 营业外支出

16. 企业委托开户银行将款项汇往异地采购银行，开立采购专户时，应借记（　　）。

　　A. "银行存款"科目　　　　　B. "材料采购"科目
　　C. "其他货币资金"科目　　　D. "库存现金"科目

17. 企业为发放工资支取现金，应通过（　　）办理。

　　A. 专用存款户　　B. 临时存款户　　C. 一般存款户　　D. 基本存款户

18. 下列选项中，不涉及到现金的溢缺的会计科目是（　　）。

　　A. 管理费用　　　　　　　　B. 待处理财产损益
　　C. 营业外收入　　　　　　　D. 营业外支出

19. 下列不属于定额银行本票的面额是（　　）。

　　A. 1000 元　　　B. 500 元　　　C. 10000 元　　　D. 5000 元

20. 下列不可以用于转账的支票是（　　）。

　　A. 转账支票　　B. 画线支票　　C. 现金支票　　D. 普通支票

二、判断题

1. "银行存余额调节表"不但起对账的作用，而且是调节银行存款日记账账面余额的凭证。（　　）

2. 企业开立的一般存款账户，主要用于办理日常转账结算和现金收付。（　　）

3. 现金清查中发现长款，如果无法查明原因，经批准应当冲减当期管理费用。
（　　）
4. 出纳员不得兼管稽核、会计档案保管和收入、费用、债权债务账目的登记工作。（　　）
5. 任何单位不得签发空头支票。（　　）
6. 开户单位收入现金应于当日送存银行，当日送存有困难的，可以另择日期送存。（　　）
7. 编制完银行存款余额调节表后，应当据以调整银行存款的账面余额。（　　）
8. 库存现金清查方法与银行存款清查方法是一样的。（　　）
9. 企业可以用现金支付职工工资 5000000 元。（　　）
10. 信用证存款不属于企业的流动资产。（　　）
11. 商业汇票可以背书转让。（　　）
12. 画线支票只能用于支取现金不能用于转账。（　　）
13. 购买股票时，应贷记"其他货币资金——存出投资款"科目。（　　）
14. 库存现金的清查方法是实地盘点法。（　　）
15. 库存现金清查时发现溢余，查明属于支付给职工的现金，应贷记"营业外支出"科目。（　　）
16. 企业不得在同一家银行的几个分支机构开立一般存款账户。（　　）
17. 不准用单位收入的现金以个人名义存储。（　　）
18. 企业从银行提取现金，应借记"银行存款"科目，贷记"库存现金"科目。（　　）
19. 库存现金的清查是由会计人员进行。（　　）
20. 商业汇票按其承兑人不同，分为商业承兑汇票和银行承兑汇票两种。（　　）

第四章 往来结算核算岗位

知识目标：
了解：其他应收款的内容、应付账款的概述；
熟悉：应收票据的内容、应收账款的确认与计价；
掌握：应收票据核算、应收账款的核算、坏账及其核算、预付账款的核算、其他应收款的核算、应付账款的核算、应付票据的核算、预收账款的核算。

技能目标：
通过学习本章内容，加强学生对债权债务的审核规范力度，并能够严格按照会计工作规范进行日常核算。

第一节 应 收 票 据

一、应收票据的内容

（一）应收票据的含义
在我国会计实务中，应收票据仅指企业持有的、尚未到期兑现的商业汇票。

（二）应收票据的分类
按承兑人不同，可分为商业承兑汇票和银行承兑汇票。
按是否计息可分为不带息商业汇票和带息商业汇票。

二、应收票据的核算

企业设置"应收票据"科目，该科目属于资产类科目。
借方登记取得应收票据的面值及计提的利息。
贷方登记到期收回或未到期向银行贴现的应收票据的面值。
期末借方余额反映企业尚未收回的应收票据的面值和应计利息。

（一）取得应收票据的核算
因债务人抵偿前欠货款而取得的应收票据。
因企业销售商品、提供劳务等而收到开出、承兑的商业汇票。
借记"应收票据"，贷记有关科目。
举例：
甲公司销售一批产品给 B 公司，货已发出，货款 10000 元，增值税额为 1700

元。按合同约定 3 个月以后付款，B 公司交给甲公司一张 3 个月到期的商业承兑汇票，票面金额 11700 元。

甲公司收到该票据时，作会计分录：

借：应收票据　　　　　　　　　　　　　　　　　　11700
　　贷：主营业务收入　　　　　　　　　　　　　　10000
　　　　应交税费——应交增值税（销项税）　　　　 1700

（二）收回到期票款的核算

接上例：3 个月后，该应收票据到期，甲公司收回款项 11700 元，存入银行。

借：银行存款　　　　　　　　　　　　　　　　　　11700
　　贷：应收票据　　　　　　　　　　　　　　　　11700

（三）转让应收票据的核算

商业汇票可以背书转让。

背书：是指在票据背面或者粘单上记载有关事项并签章的票据行为。

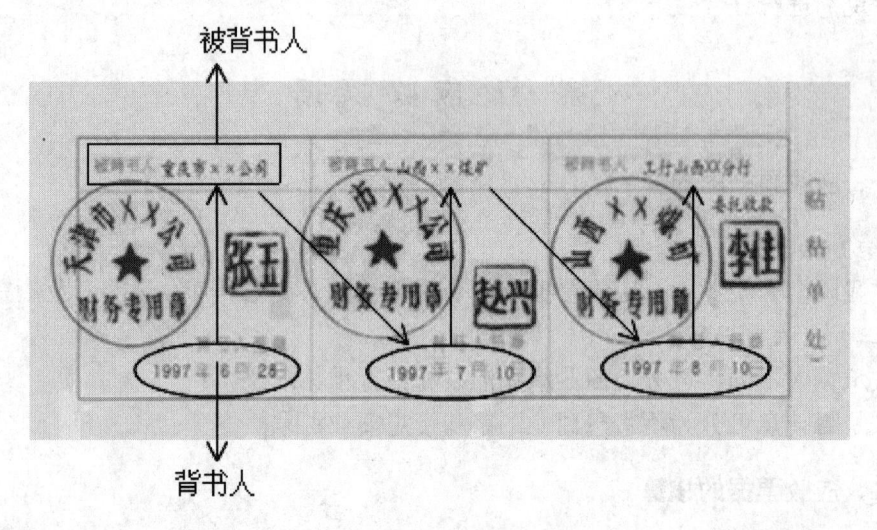

图 4-1

图例说明：1997 年 6 月 28 日，天津市某公司作为背书人把票据转让给重庆市某公司（被背书人），票据转让时要加盖背书人的财务公章和有关责任人的签章。1997 年 7 月 10 日，重庆市某公司作为背书人把票据转让给山西某煤矿（被背书人），票据转让时要加盖背书人的财务公章和有关责任人的签章。1997 年 8 月 10 日，山西某煤矿又把票据转让给工行山西某分行（最后的被背书人），此时，最后的被背书人行使票据的权利和承担的义务。

举例：假定甲公司于 4 月 15 日将商业汇票背书转让，以取得生产经营所需的 A 种材料，该材料金额为 1 500 000 元，适用增值税税率为 17%。

借：原材料——A 材料　　　　　　　　　　　　　1 500 000

应交税费——应交增值税（进项税）　　　　　　255 000
　　贷：应收票据　　　　　　　　　　　　　　　　1 755 000

第二节　应　收　账　款

一、应收账款的确认与计价

（一）应收账款的确认

会计核算上所称的应收账款有其特定的范围，企业在确认应收账款时，应注意以下几个方面：

应收账款是指因销售活动形成的债权。

应收账款是指流动资产性质的债权。

应收账款是指本企业应收客户的款项。

（二）应收账款的计价

一般情况下，企业销售商品、产品或提供劳务等形成的应收账款，应按买卖双方在成交时的实际金额记账；同时，在计算应收账款的入账金额时，还要考虑折扣因素。

1. 商业折扣

商业折扣一般在交易发生时即已确定，它仅仅是确定实际销售价格的一种手段，不在买卖双方任何一方的账上反映，所以商业折扣对应收账款的入账价值没有什么实质性影响。因此，在有商业折扣的情况下，企业应收账款入账金额应按扣除商业折扣以后的实际售价加以确认和计量。

2. 现金折扣

现金折扣是指销货企业为了鼓励客户在规定的期限内早日付款，而向其提供的按销售价格的一定比率所作的扣除。

现金折扣通常发生在以赊销方式销售商品及提供劳务的交易中，一般用符号"折扣/付款期限"表示，写成："2/10，1/20，n/30"，其含义为：10 天内付款给予 2%折扣，第 11 天至第 20 天内付款给予 1%折扣，第 21 天至第 30 天内付款，则不给折扣，付款期限为 30 天。

3. 应收账款价值的确定方法

方法有两种：总价法和净价法。

总价法是将未扣减现金折扣前的金额（即总价）作为应收账款的入账价值，现金折扣实际上是销售企业为了尽快回笼资金而发生的理财费用（在现金折扣实际发生时计入财务费用）。

根据我国《企业会计制度》的规定，企业的应收账款应按总价法确认。

二、应收账款经济业务核算

企业设置"应收账款"总账科目进行核算。该科目属于资产类科目，借方登记企业应收取的各种款项；贷方登记企业已收回或转作商业汇票支付方式的应收账款及已转销的坏账损失；期末借方余额反映企业尚未收回的各种应收账款。

应收账款的明细账应按不同的购货或接受劳务的单位或个人设置，以详细反映和监督企业应收账款的发生和回收情况。

应收账款的核算，存在如下三种情况：

1. 在没有折扣的情况下，按应收的全部金额入账。
2. 在有商业折扣的情况下，应按扣除商业折扣后的金额入账。
3. 在有现金折扣的情况下，采用总价法入账，发生的现金折扣作为财务费用处理。

练习

1. A 公司为一般纳税人，赊销商品一批，标价为 1 000 元，商业折扣率为 10%，现金折扣条件为 1/10，n/30，增值税率为 17%。在我国会计实务中，A 公司应确认的收入为（　　）元。

　　A. 891　　　　　B. 1 000　　　　　C. 900　　　　　D. 1 053

答案：A 公司应确认的收入＝1000×90%＝900 元（C 选项）

2. 若 A 公司在 10 天内付款，则记入财务费用的金额为（　　）元。

　　A. 9　　　　　B. 10　　　　　C. 10.53　　　　　D. 11.7

答案：财务费用＝（1 000×90%＋1 000×90%×17%）×1%

　　　　　　　＝（900＋153）×1%

　　　　　　　＝10.53 元（C 选项）

三、坏账及其核算

企业应当定期或至少于年度终了对应收款项进行检查，具体分析各应收款项的特性、金额大小、信用期限、债务人的信誉和当时的经营状况等因素，确定各项应收款项的可收回性，预计可能产生的坏账损失。对预计可能发生的坏账损失，应计提坏账准备。

（一）坏账损失的确认

1. 坏账是指企业无法收回或收回可能性极小的应收账款。由于发生坏账而产生的损失，称为坏账损失。

2. 根据我国现行有关法规的规定，企业的应收账款符合下列条件之一的，应确认为坏账：

（1）因债务人破产或死亡，以其破产财产或遗产偿债后，确实不能收回。

（2）因债务单位撤销、资不抵债或现金流量严重不足，确实不能收回。

（3）因发生严重的自然灾害等导致债务单位停产而在短时间内无法偿付的债务，确实无法收回。

（4）因债务人逾期未履行偿债义务超过3年，经核查确实无法收回。

说明：

对于已确认为坏账的应收账款，并不意味着企业放弃了追索权，一旦重新收回，应及时入账。

（二）坏账的核算

1. 设置科目

（1）坏账准备

资产类科目

坏账准备是指企业的应收款项（含应收账款、其他应收款等）计提的，是备抵账户。

（借）	坏账准备	（贷）
（1）实际发生的坏账损失 （2）冲减坏账准备金额	当期计提坏账准备金额	
	余额：已经计提但尚未转销	

注意：坏账准备账户的增减规律，与应收账款账户的增减规律相反，但其也是一项特殊的资产类账户，抵减应收账款的金额。

（2）资产减值损失

损益类科目。

（借）	资产减值损失	（贷）
计提资产减值准备	期末结转入本年利润账户

注意：该账户期末结转无余额。

2. 核算方法

坏账的核算方法：备抵法和直接转销法。

备抵法：应收账款余额百分比法、账龄分析法、销货百分比法、个别认定法

补充资料：

备抵法：备抵法是指先按期估计坏账损失，形成坏账准备，当某一应收账款全部或部分被确认为坏账时，再冲减坏账准备，同时转销相应的应收账款的一种核算方法。

优点：可将预计不能收回的应收账款及时作为坏账损失入账，较好地贯彻权责发生制和配比原则，避免企业虚盈实亏。

便于估算应收账款的可变现净值，以真实反映企业的财务状况，进而体现谨慎性原则的要求。

我国会计实务中，只能采用备抵法。

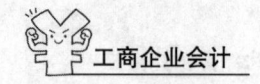

3. 应收账款余额百分比法

这种方法是以会计期末应收账款的账面余额为基数，乘以估计的坏账率，计算当期估计的坏账损失，据此提取坏账准备。

当期坏账损失＝会计期末应收款项的余额×估计坏账率

（1）应提取准备金额的计算

当期应提取的坏账准备＝当期按应收账款计算应计提的坏账准备金额
　　　　　　　　　　－本账户的贷方余额（或＋借方余额）
　　　　　　　　　＝应有－已提

① 当期按应收账款计算应计提的坏账准备金额大于本账户的贷方余额，（即应有>已提）

应按其差额提取坏账准备。

② 当期按应收账款计算应计提的坏账准备金额小于本账户的贷方余额，（即应有<已提）

应按其差额冲减已计提的坏账准备。

③ 已提为负（坏账准备为借方余额），则：应提＝应有＋借余

账务处理：

计提准备时

　借：资产减值损失——计提的坏账准备
　　贷：坏账准备

坏账发生时

　借：坏账准备
　　贷：应收账款

收回已确认为坏账的应收账款时

（1）借：应收账款
　　　贷：坏账准备

（2）借：银行存款
　　　贷：应收账款

举例：华宇公司 2001 年年末"应收账款"科目余额 100 000 元，2002 年年末余额为 200 000 元，2003 年年末余额为 150 000 元。该公司 2004 年 6 月确认为坏账损失 1 500 元；2004 年 12 月收回已确认并转销的坏账损失 500 元，年末应收账款余额为 220 000 元。假设该公司按照应收账款余额的 0.5% 提取坏账准备，试计算每年应提取的坏账准备并作出相应的账务处理。

坏账准备＝应收账款期末余额×计提比例

2001 年应提取坏账准备：100 000×0.5%＝500（元）

　借：资产减值损失——计提的坏账准备　　　　　　500
　　贷：坏账准备　　　　　　　　　　　　　　　　　　500

2002年应提取坏账准备：200 000×0.5%＝1 000（元）

年初贷方余额500元，应补提500元。

借：资产减值损失——计提的坏账准备　　　　　　500
　　贷：坏账准备　　　　　　　　　　　　　　　　　　500

2003年应提取坏账准备：150000×0.5%＝750（元）

年初贷方余额1 000元，应冲减250元。

借：坏账准备　　　　　　　　　　　　　　　　　　250
　　贷：资产减值损失——计提的坏账准备　　　　　　250

2004年6月发生坏账损失

借：坏账准备　　　　　　　　　　　　　　　　　　1 500
　　贷：应收账款　　　　　　　　　　　　　　　　　1 500

2004年12月又收回已确认并转销的坏账

借：应收账款　　　　　　　　　　　　　　　　　　500
　　贷：坏账准备　　　　　　　　　　　　　　　　　500

同时

借：银行存款　　　　　　　　　　　　　　　　　　500
　　贷：应收账款　　　　　　　　　　　　　　　　　500

2004年末应提取坏账准备：220000×0.5%＝1100（元），但已出现借方余额250元，应补提1350元。

借：坏账准备　　　　　　　　　　　　　　　　　　1350
　　贷：资产减值损失——计提的坏账准备　　　　　　1350

练习

1. A公司2002年首次按应收账款余额的5%计提坏账准备，当年应收账款余额为100万元；2003年8月实际发生坏账2万元，当年应收账款余额为300万元。2003年应计提的坏账准备为（　　）万元。

　　A. 15　　　　B. 12　　　　C. 10　　　　D. 17

答案：B

解析：2003年应提坏账准备＝300万×5%－100万×5%＋2万＝15万－5万＋2万＝12万（元）

2. A公司2002年首次按应收账款余额的5%计提坏账准备，当年"应收账款——B公司"的余额120万元（借方）；"应收账款——C公司"的余额80万元（贷方）。2002年应计提的坏账准备为（　　）万元。

　　A. 2　　　　B. 4　　　　C. 6　　　　D. 10

答案：C

解析："应收账款——C公司"的余额在贷方不用计提坏账准备。2002年应计

提的坏账准备为 120 万元×5%＝6 万元

第三节 预 付 账 款

一、预付账款的核算

预付账款是企业按照购货合同规定，预先支付给供货单位的货款。企业应设置"预付账款"科目，该科目属于资产类科目。

（借）	预付账款	（贷）
预付款项 补付款项		发票账单款项 收回多付款项
余：实际预付款项		余：尚未预付款项

预付账款不多的企业，也可以将预付的货款记入"应付账款"科目的借方。但在编制会计报表时，仍然要将"预付账款"和"应付账款"的金额分开报告。

企业应在"预付账款"总账科目下，按供货单位的名称设置明细账，进行预付账款的明细分类核算。

企业按购货合同的规定预付货款时，按预付金额借记"预付账款"科目，贷记"银行存款"科目。

收到所购物品时，应根据发票账单的金额，借记"原材料"、"库存商品"等科目，按专用发票上注明的增值税，借记"应交税金——应交增值税(进项税额)"科目，按应付的金额，贷记"预付账款"科目；

补付货款时，借记"预付账款"科目，贷记"银行存款"科目；收到退回的多付货款时，借记"银行存款"科目，贷记"预付账款"科目。

练习

甲公司向乙公司采购材料，按合同规定先向乙公司预付货款 50%，验收货物后补付其余款项。增值税专用发票记载的货款为 50 000 元，税额为 8 500 元。

1. 预付货款

借：预付账款——乙公司　　　　　　　　　　　　　　25 000
　　贷：银行存款　　　　　　　　　　　　　　　　　　　　25 000

2. 收到材料

借：原材料　　　　　　　　　　　　　　　　　　　　50 000
　　应交税费——应交增值税（进项税额）　　　　　　　8 500
　　贷：预付账款——乙公司　　　　　　　　　　　　　　　58 500

3. 补付货款

借：预付账款——乙公司　　　　　　　　　　　　　　33 500
　　贷：银行存款　　　　　　　　　　　　　　　　　　　　33 500

第四节 其他应收款

一、其他应收款的内容

1. 预付给企业内部单位或个人的备用金,如出差预借差旅费。
2. 应收的各种赔款,如向过失人和保险公司及其他单位收取的款项。
3. 应收的各种罚款。
4. 应收的出租包装物的租金。
5. 存出的保证金,如租入包装物支付的押金。
6. 应向职工收取的各种垫付款项。如职工负担的医药费、餐费等。
7. 应收、暂付上级单位或所属单位的款项。
8. 其他不属于上述各项的其他应收款项。

二、其他应收款的核算

企业设置"其他应收款"科目,该科目属于资产类科目,借方登记企业发生的各项其他应收款,贷方登记企业收回和结转的其他应收款,期末借方余额反映企业应收未收的各项其他应收款项。

"其他应收款"科目应按项目分类,并按不同的债务人设置明细账,进行明细核算。

企业发生其他应收款时,按应收金额借记"其他应收款"科目,贷记有关科目。收回各种款项时,借记有关科目,贷记"其他应收款"科目。

预计其可能发生的坏账损失,并计提坏账准备。

举例

甲公司租入包装物一批,以银行存款向出租方支付押金10 000元。到期,将包装物如数退还,收回押金存入银行。编制会计分录。

租入包装物,支付租金:

借:其他应收款——存出保证金 10 000
　　贷:银行存款 10 000

包装物退还,收回押金:

借:银行存款 10 000
　　贷:其他应收款——存出保证金 10 000

第五节 应付账款

一、应付账款的概述

（一）应付账款的定义

企业在购买材料、商品或接受劳务时，由于未及时付款而产生的负债——交易时间和付款时间不同

（二）应付账款的入账时间

理论上，一般应在财产物资的所有权转移或劳务完成时，但由于取得发票时间与其间隔较短，所以实务上以取得发票作为入账时间。

特殊情况下会计期末如已取得财产物资或已接受劳务，但发票尚未取得，为了真实反映企业的财务状况，则先暂估入账，下期期初予以冲销，收到发票时再予以入账。

二、应付账款的核算

（一）发生应付账款

例题：高强公司向A公司购入材料一批，价款50 000元，增值税税率17%，付款条件为2/10，n/30。假设计算现金折扣考虑增值税，材料已验收入库，货款暂欠。高强公司应作如下会计处理：

借：原材料　　　　　　　　　　　　　　　　　　50 000
　　应交税费——应交增值税（进项税额）　　　　 8 500
　　贷：应付账款——A公司　　　　　　　　　　　58 500

注意：应付账款附有现金折扣的，应按照扣除折扣前的应付账款总额入账。

（二）偿还应付账款

接前例：若10天内付款：

借：应付账款——A公司　　　　　　　　　　　　58 500
　　贷：银行存款　　　　　　　　　　　　　　　57 330
　　　　财务费用　　　　　　　　　　　　　　　 1 170（58500×1%）

（三）转销应付账款

无法支付的应付账款，作为"营业外收入"。

举例：

2010年9月，乙企业确定于应付账款6 000元为无法支付的款项，应予以转销。该企业有关的会计分录如下：

借：应付账款　　　　　　　　　　　　　　　　 6 000
　　贷：营业外收入　　　　　　　　　　　　　　 6 000

第六节 应付票据

一、应付票据的核算

（一）应付票据概述

应付票据是指企业购买材料、商品和接受劳务供应等而开出、承兑的商业汇票，包括商业承兑汇票和银行承兑汇票。

付款期限：不超过6个月。

分为带息和不带息两种票据。

（二）账户设置

企业应设置"应付票据"账户。

该账户属于负债类账户，贷方登记企业开出并承兑的商业汇票金额，借方登记实际支付应付票据款的金额，期末余额一般在贷方，反映企业尚未到期的商业汇票的票面余额。

（三）应付票据的核算

1. 企业开出、承兑商业汇票或以承兑汇票抵付货款时

借：原材料(材料采购、应付账款)等
　　　应交税费——应交增值税（进项税额）
　　贷：应付票据

2. 汇票到期付款时

借：应付票据
　　贷：银行存款

银行承兑汇票还要交纳承兑手续费

借：财务费用
　　贷：银行存款

在票据到期无力偿付的情况下：

若为商业承兑汇票，则将应付票据转为应付账款。

借：应付票据
　　贷：应付账款

若为银行承兑汇票，则银行先代为付款，企业将不足部分转为短期借款。

借：应付票据
　　贷：银行存款
　　　　短期借款

举例：南方公司于2006年3月1日向沪海公司赊购一批材料，双方协商采用商业承兑汇票结算方式结算货款，增值税专用发票标明价款100 000元，增值税税款

17 000元。当日材料验收入库，公司开出并承兑商业承兑汇票117 000元，期限3个月。

（1）材料验收入库，签发并承兑商业承兑汇票时：

借：原材料　　　　　　　　　　　　　　　　　　　100 000
　　应交税费——应交增值税（进项税）　　　　　　　17 000
　　　贷：应付票据　　　　　　　　　　　　　　　　117 000

（2）到期付款时：

借：应付票据　　　　　　　　　　　　　　　　　　117 000
　　贷：银行存款　　　　　　　　　　　　　　　　　117 000

如果票据到期，南方公司无力支付票据款项：

借：应付票据　　　　　　　　　　　　　　　　　　117 000
　　贷：应付账款　　　　　　　　　　　　　　　　　117 000

第七节　预收账款

一、预收账款的核算

（一）定义

预收账款是指企业按照合同规定向购货单位预收的款项。

说明：

1. 企业预收账款时，由于没有实际提供商品或劳务，不符合收入的确认条件，不能确认为收益，而是对客户的负债。

2. 与应付账款的区别：预收账款形成的债务不是以货币偿付，而是以货物偿付。

（二）预收账款核算

企业在核算预收账款时，常用的方法有两种：

1. 单独设置"预收账款"账户。

2. 将预收的货款直接作为应收账款的减项，反映在"应收账款"账户的贷方。

设置"预收账款"科目，按购货单位设置明细账。

举例：

南方公司于2006年7月5日与杭印公司签订一项300 000元的销货合同，适用增值税税率为17%，并预收40%的货款。南方公司在8月10日按合同发出全部货物。余款在8月15日全部结清。南方公司单独设置"预收账款"账户核算。

南方公司单独设置"预收账款"账户核算

（1）7月5日收到货款40%时：

借：银行存款　　　　　　　　　　　　　　　　　　120 000
　　贷：预收账款——杭印公司　　　　　　　　　　　120 000

（2）8月10日发出商品时：

借：预收账款——杭印公司　　　　　　　　　　　351 000
　　贷：主营业务收入　　　　　　　　　　　　　　　　300 000
　　　　应交税费——应交增值税（销项税额）　　　　　 51 000

（3）8月15日收到余款时：

借：银行存款　　　　　　　　　　　　　　　　　231 000
　　贷：预收账款——杭印公司　　　　　　　　　　　231 000

练 习 题

一、单项选择题

1. 采用备抵法计提坏账准备，实际发生坏账损失时，应借记（　　）账户。
　　A. 营业外支出　　B. 坏账准备　　C. 财务费用　　D. 管理费用

2. 企业年初应收账款余额为600 000元；当年收回已转销的坏账1 000元，年末应收账款余额为900 000元。该企业按5‰的比率计提坏账准备，年末应计提的坏账准备为（　　）元。
　　A. 500　　　　B. 3 000　　　　C. 4 500　　　　D. 1 500

3. 华盛企业于2008年6月12日从甲公司购入一批产品并已验收入库。增值税专用发票上注明该批产品的价款为3 000万元，增值税税额为510万元。合同中规定的现金折扣条件为 2/10，1/20，n/30，假定计算现金折扣时不考虑增值税。该企业在2008年6月21日付清货款。该企业购买产品时该应付账款的入账价值为（　　）万元。
　　A. 3 450　　　B. 3 000　　　C. 2 940　　　D. 3 510

4. 企业支付银行承兑汇票，借记（　　）账户，贷记"银行存款"账户。
　　A. 应付票据　　B. 应付账款　　C. 财务费用　　D. 管理费用

5. 企业转销无法支付的应付账款时，应将该应付账款账面余额计入（　　）。
　　A. 资本公积　　　　　　　　　　B. 营业外收入
　　C. 其他业务收入　　　　　　　　D. 其他应付款

6. 下列票据中，应通过"应收票据"科目核算的是（　　）。
　　A. 现金支票　　B. 银行汇票　　C. 商业汇票　　D. 银行本票

7. 企业收到上月销售产品的货款8 000元。这笔经济业务应编制的会计分录为（　　）。
　　A. 借：银行存款　　　8 000　　　B. 借：银行存款　　　8 000
　　　　贷：主营业务收入 8 000　　　　　贷：预收账款　　　 8 000
　　C. 借：银行存款　　　8 000　　　D. 借：银行存款　　　8 000
　　　　贷：其他应收款　 8 000　　　　　贷：应收账款　　　 8 000

8. 下列项目中，不通过"应收账款"账户核算的是（　　）。
   A. 销售商品应收的款项　　　　　B. 销售原材料应收的款项
   C. 提供劳务应收的款项　　　　　D. 应收的各种赔款
9. 某企业销售商品一批，增值税专用发票上标明的价款为60万元，适用的增值税税率为17%，为购买方代垫运杂费为2万元，款项尚未收回。该企业确认的应收账款为（　　）万元。
   A. 72.2　　　　B. 62　　　　C. 60　　　　D. 70.2
10. 企业偿还应付账款而享受的现金折扣应当计入（　　）科目。
    A. 营业收入　　B. 财务费用　　C. 销售费用　　D. 管理费用
11. 预收账款情况不多的企业，可以不设"预收账款"科目，而将预收的款项直接记入的账户是（　　）。
    A. 应收账款　　B. 预付账款　　C. 其他应收款　　D. 应付账款
12. 下列各项中，属于其他应收款的是（　　）。
    A. 公司向外单位提供的建筑服务（主营业务）而收到的商业汇票
    B. 公司因销售商品而发生的100元应收款
    C. 公司因出租包装物而应收2万元款项
    D. 公司因采购物资预付的20万元款项
13. 某企业按年末应收账款余额的5‰计提坏账准备，该企业年初"坏账准备"贷方余额为5 000元，本年发生坏账损失3 000元，年末应收账款余额为900 000元，企业年末应提取的坏账准备金额为（　　）。
    A. 4 500元　　B. 2 500元　　C. 2 000元　　D. 5 000元
14. 应收账款是有（　　）业务而产生的。
    A. 现销　　B. 产品的销售　　C. 赊销　　D. 购买
15. 企业按规定提取的坏账准备，应计入（　　）账户。
    A. 资产减值损失　　　　　　B. 财务费用
    C. 营业外收入　　　　　　　D. 管理费用
16. 商业承兑汇票无力支付，则将应付票据转为（　　）。
    A. 其他应收款　　B. 财务费用　　C. 营业外收入　　D. 应付账款
17. 若企业预付货款小于采购货物的货款及增值税时，补付货款时，应（　　）。
    A. 借记"应付账款"　　　　　B. 贷记"银行存款"
    C. 借记"应付账款"　　　　　D. 贷记"应付账款"
18. 企业收到已转销的坏账时，应（　　）。
    A. 借：应收账款　　　　　　B. 借：坏账准备
       贷：坏账准备　　　　　　　贷：应收账款
    C. 借：应收账款　　　　　　D. 借：银行存款
       贷：银行存款　　　　　　　贷：坏账准备

19. 某企业2005年年末应收账款余额为100万元；2006年年末确认坏账损失10万元，年末应收账款余额为800万元；2007年收回已转销的坏账6万元，年末应收账款余额为900万元，坏账准备提取比率为5%。该企业三年内计提"坏账准备"计入"资产减值损失"账户的金额累计为（　　）万元。

　　A. 135　　　　B. 35　　　　C. 11　　　　D. 49

20. 乙企业赊销商品一批，价款8 000元，增值税税率17%，增值税1 360元，另代垫运杂费200元，则应收账款的入账价值为（　　）。

　　A. 9560　　　B. 9 360　　　C. 11 700　　　D. 11 900

二、判断题

1. 如果该票据到期，B公司无力偿还票款，甲公司应将到期票据的票面金额转入"应收账款"账户。（　　）

2. 企业行政管理部门张力出差归来，报销980元，剩余现金20元交回。会计分录如下：

　　借：管理费用　　　　　　　　　　　　　　　　　　980
　　　　库存现金　　　　　　　　　　　　　　　　　　20
　　　　贷：其他应收款——张力　　　　　　　　　　　　1 000

（　　）

3. 企业应收的出租包装物租金，计入"营业外收入"账户里核算。（　　）

4. 企业计提坏账准备时，应借记"坏账准备"账户。（　　）

5. "预收账款"账户是资产类账户。（　　）

6. 企业购入货物验收入库后，若发票账单尚未收到，只需要在备查簿上做相应的登记，而无需进行账务处理。（　　）

7. 一般说来，应收账款拖欠的时间越长，发生坏账的可能性越大。（　　）

8. 企业应付租入包装物的租金，应在"应付账款"账户中核算。（　　）

9. 由于商业折扣在销售发生时即已发生，企业只需按扣除商业折扣后的净额确认销售收入和应收账款。（　　）

10. 应收票据仅指企业因销售商品、提供劳务等而收到的商业汇票。（　　）

11. 企业在折扣期内付款享受的现金折扣应增加当期的财务费用。（　　）

12. 企业到期无力支付的银行承兑汇票，应按票面金额转入"应付账款"。（　　）

13. 甲公司于6月7日销售商品一批给B企业，应收账款50 000元，规定的付款条件为（2/10, 1/20, n/30），B企业于同年6月20日付款，甲公司实际收到的金额为49 500元。（　　）

14. 某企业年末调整坏账准备账户前，应收账款及坏账准备的余额分别为借方余额200 000元和借方余额1 000元，该企业按应收账款余额百分比计提坏账准备，

计提比例为 10%，年末应计提的坏账准备为 21 000 元。　　　　（　　）

　　15. 企业在进行坏账损失核算时，估计坏账损失的方法有销货百分比法、直接转销法、账龄分析法、应收账款余额百分比法。　　　　　　　　（　　）

　　16. 企业 3 年以下的应收款项应确认为坏账。　　　　　　　　（　　）

　　17. 预收账款形成的债务不是以货币偿付，而是以货物偿付。　　（　　）

　　18. 应收票据按是否计息可分为不带息商业汇票和带息商业汇票。（　　）

　　19. 其他应收款也应预计其可能发生的坏账损失，并计提坏账准备。（　　）

　　20. 预付账款不多的企业，也可以将预付的货款记入"应付账款"科目的借方。
　　　　　　　　　　　　　　　　　　　　　　　　　　　　　　（　　）

第五章 存货核算岗位

知识目标：
了解：存货的概述、库存商品的内容、存货减值内容；
理解：存货的初始计量；
掌握：原材料实际成本核算、原材料计划成本核算、工业企业库存商品核算、商品流通企业库存商品核算、存货清查核算。
技能目标：
通过学习本章内容，提高学生分析问题解决问题的能力，并在此基础上深化会计职业道德规范的应用能力。

第一节 存货的概念与初始计量

一、存货概述

（一）存货的定义
存货是指企业在日常活动中持有以备出售的产成品或商品、处在生产经营过程中的在产品、处在生产经营过程中耗用的材料或物料等。
（二）存货的分类
1. 原材料；
2. 在产品；
3. 半成品；
4. 产成品；
5. 商品；
6. 包装物；
7. 低值易耗品；
8. 委托代销商品。
注意：为建造固定资产等各项工程而储备的各种材料（工程物资）、企业的特种储备以及按国家指令专项储备的资产不属于存货。
（三）认定存货的确认条件
1. 该存货包含的经济利益很可能流入企业；
2. 该存货的成本能够可靠地计量。

二、存货的初始计量

（一）存货的采购成本

1. 存货的购买价款

发票账单上列明的价款，不包括可以抵扣的增值税额。

2. 存货的相关税费

存货发生的进口关税、消费税、资源税和不能抵扣的增值税进项税额以及相应的教育费附加等应计入存货采购成本的税费。

3. 其他可归属于存货采购成本的费用

存货采购过程中发生的仓储费、包装费、装卸费、保险费、运输途中的合理损耗、入库前的挑选整理费用等。

（二）存货的加工成本

1. 直接人工

直接人工是指企业在生产产品和提供劳务过程中发生的直接从事产品生产和劳务提供人员的职工薪酬。

2. 制造费用

制造费用是指企业为生产产品和提供劳务而发生的各项间接费用。

（三）存货的其他成本

使存货达到目前场所和状态所发生的其他支出。

【说明】

设计费通常应计入当期损益，但为特定客户设计产品所发生的、可直接确定的设计费应计入存货成本。

（四）不应计入存货成本的费用

1. 非正常消耗的直接材料、直接人工和制造费用，应在发生时计入当期损益。如自然灾害造成的损失。

2. 仓储费用

【说明】

生产过程中为达到下一个生产阶段所必需的仓储费用应计入存货成本。

举例：

制酒过程中，为达到规定产品质量标准而发生的仓储费用应计入酒的成本，而不应计入当期损益。

3. 不能归属于使存货达到目前场所和状态的其他支出。

第二节 原 材 料

一、采用实际成本核算

材料的收发及结存,在总账和明细账上均按实际成本计价。

涉及会计科目:"原材料""在途物资""应付账款""预付账款"等

(一)购入材料的核算

1. 货款已经支付或开出、承兑商业汇票,同时材料已验收入库。

需要设置原材料账户(核算材料已验收入库)

举例:

企业为一般纳税人,某日该企业购入原材料一批,取得的增值税专用发票上注明的原材料价款为 12 600 元,增值税额为 2 142 元,发票等结算凭证已经收到,货款已通过银行转账支付,材料已验收入库。

会计分录如下:

借:原材料　　　　　　　　　　　　　　　　　　　　　　　12 600
　　应交税费——应交增值税(进项税)　　　　　　　　　　　2 142
　　贷:银行存款　　　　　　　　　　　　　　　　　　　　　14 742

2. 货款已经支付或已开出、承兑商业汇票,材料尚未到达或尚未验收入库。

需要设置"在途物资"账户

(核算材料尚未到达或尚未验收入库物资的采购成本)

(借)	在途物资	(贷)
购入物资的实际成本	验收入库的在途物资的实际成本	
余:在途物资的采购成本		

举例:

企业为一般纳税人,某日该企业购入原材料一批,取得的增值税专用发票上注明的原材料价款为 12 600 元,增值税额为 2 142 元,发票等结算凭证已经收到,货款已通过银行转账支付,但材料尚未运到。

编制会计分录:

(1)材料未验收入库前

借:在途物资　　　　　　　　　　　　　　　　　　　　　　12 600
　　应交税费——应交增值税(进项税)　　　　　　　　　　　2 142
　　贷:银行存款　　　　　　　　　　　　　　　　　　　　　14 742

(2)材料到验收入库

借:原材料　　　　　　　　　　　　　　　　　　　　　　　12 600
　　贷:在途物资　　　　　　　　　　　　　　　　　　　　　12 600

注意：只把"在途物资"账户中进行结转，不包括增值税。

3. 货款尚未支付，材料已经验收入库

（1）期末，按暂估价值入账

借：原材料（暂估价值）
　　　贷：应付账款——暂估应付账款

（2）下月初，冲回1分录

借：应付账款——暂估应付账款
　　　贷：原材料（暂估价值）

（3）发票账单到达

借：原材料（发票账单金额）
　　　应交税费——应交增值税（进项税）
　　　贷：银行存款
　　　　　或其他货币资金——××

4. 货款已经预付，材料尚未验收入库

（1）预付货款

借：预付账款
　　　贷：银行存款

（2）材料入库，冲销预付款

① 材料入库

借：原材料
　　　应交税费——应交增值税（进项税）
　　　贷：预付账款

② 如补付货款时

借：预付账款
　　　贷：银行存款

（二）发出材料的计价方法

1. 个别计价法

个别计价法是假设存货的成本流转与其实物流转相一致，按照存货的类别，逐一辨认各批发出存货和期末存货所属的购进批别或生产批别，分别按照其购入或生产时所确定的单位成本作为计算各批发出存货和期末存货成本的方法。

要求：

存货项目必须是可以辨认的，必须要有详细的记录，包括每一批存货的品种规格、入账时间、单位成本、存放地点等。

个别计价法

公式：

每次（批）存货＝该次（批）存货×该次（批）存货
发出成本　　　　发出数量　　实际收入的单位成本

优点：计算出的发出存货的成本和期末存货的成本比较合理、准确。

缺点：工作量比较大

适用于：一般不能替代使用的存货、为特定项目专门购入或制造的存货以及提供的劳务。如珠宝、字画等贵重物品。

2. 先进先出法

先进先出法以"先购入的存货先发出"这一流转假定为依据，对发出存货和结存存货进行计价。

采用这种方法，每次领用、发出存货的成本都要按存货中最先购入的那批存货的实际成本计价。如果领用、发出的存货数量大于最先购入的存货，则超出部分按照第二批存货的实际成本计价，依次类推。

优点：在物价变动时期，期末结存存货的价值比较符合物价变动趋势，能比较准确地反映存货资金的占用情况。

缺点：在发出存货时需按不同的单价反映发出存货的成本，会加大核算工作量。

理解：在物价持续上升时，期末存货成本接近于市价，而发出成本偏低，会高估企业当期利润和库存存货价值；反之，会低估企业存货价值和当期利润。

举例：

某企业采用先进先出法计算发出材料的成本。2006年3月1日结存A材料200吨，每吨实际成本为200元；3月4日和3月17日分别购进A材料300吨和400吨，每吨实际成本分别为180元和220元；3月10日和3月27日分别发出A材料400吨和350吨。A材料月末账面余额为（　　）元。

答案：

（1）3月10日发出材料成本为200×200＋200×180＝76000（元）；

（2）3月27日发出材料成本为100×180＋250×220＝73000（元）；

（3）A材料月末账面余额为（400－250）×220＝33000（元）。

3. 加权平均法（全月一次加权平均法）（月末加权平均法）

（1）加权平均法是指以本月全部进货数量加上月初存货数量作为权数，去除本月全部进货成本加上月初存货成本，计算出存货的加权平均单位成本，以此为基础计算本月发出存货的成本和期末存货的成本的一种方法。

平时收入时按数量、单价、金额登记，但每次不确定其结存单价，在月末时一次计算其本期的加权平均单价；本期耗用或出售的存货，平时只登记数量，不登记单价和金额；月末时，再按此加权平均单价确定其金额。计算公式如下：

加权平均单价＝（月初结存存货实际成本＋本月收入存货实际成本）/（月初结存存货数量＋本月收入存货数量）

(2) 权数：月初和购入数量

计算单价时间：月末一次

(3) 优缺点

优点：简化成本计算工作；

缺点：平时无法反映发出和结存成本，不利于存货成本的日常管理与控制。

4. 移动加权平均法

(1) 概念：移动加权平均法，是指以每次进货的成本加上原有库存存货的成本，除以每次进货数量与原有库存存货的数量之和，据以计算加权平均单位成本，以此为基础计算当月发出存货的成本和期末存货的成本的一种方法。

移动加权平均法下库存商品的成本价格根据每次收入类单据自动加权平均；其计算方法是以各次收入数量和金额与各次收入前的数量和金额为基础，计算出移动加权平均单价。其计算公式如下：

移动加权平均单价＝（本次收入前结存商品金额＋本次收入商品金额）/（本次收入前结存商品数量＋本次收入商品数量）

(3) 优缺点

优点：移动加权平均法计算出来的商品成本比较均衡和准确。

缺点：但计算起来的工作量大。

适用于：一般适用于经营品种不多、或者前后购进商品的单价相差幅度较大的商品流通类企业。

（三）发出材料的核算

根据材料发出的原因和不同用途进行会计处理

借：生产成本——基本生产成本（直接用于产品生产的材料）

　　　　　——辅助生产成本（用于辅助生产的材料）

　　　制造费用　　　　　（车间管理部门耗用的材料）

　　　管理费用　　　　　（企业行政管理部门领用的材料）

　　　销售费用　　　　　（专设销售机构耗用的材料）

　　　在建工程　　　　　（基建工程部门）

　　　应付职工薪酬　　　（职工福利部门）

　　　其他业务支出　　　（对外销售的材料）

　　贷：原材料——××

二、采用计划成本核算

计划成本法是指原材料的收入、发出和结存，无论总分类核算还是明细分类核算，均按照计划成本计价。

适用于：材料品种繁多、收发频繁的大中型企业，或者管理上需要分别核算材料的计划成本和成本差异的企业。

账户的设置：设置"材料采购"（或"物资采购"）、"原材料""材料成本差异"等科目，但不再设置"在途物资"科目。

（一）购入材料的核算

1. 企业外购材料时，不论材料的入库和货款的支付时间是否一致，只要企业取得发票账单等原始凭证，并以此计算出材料的实际采购成本，均应

借：材料采购（按专业发票上记载的货款）
　　应交税费——应交增值税（进项税）
　贷：银行存款（或其他货币资金 或应付票据或应付账款等）

分为三种情况：单料同到、单到料未到、料到单未到

2. 材料验收入库后，按计划成本记账同时结转入库材料的成本差异

（借）	材料成本差异	（贷）
入库超支差异 发出材料应负担的 节约差异		入库节约差异 发出材料应负担的 超支差异
余：实际成本大于 　　计划成本差异		余：实际成本小于 　　计划成本差异

会计分录：

借：原材料
　　材料成本差异（实际成本大于计划成本）
　贷：材料采购
　　　材料成本差异（实际成本小于计划成本）

由于企业收入材料的业务比较频繁，为了简化核算，也可以将材料验收入库和结转成本差异的会计核算留待月末一次性进行。

举例：

月末，A 公司汇总本月已付款的入库材料的计划成本 3 720 000 元，实际成本 3 500 000 元。作会计分录。

解答：入库材料的成本差异为节约 220 000 元（即 3 500 000－3 720 000）。

会计分录如下：

借：原材料　　　　　　　　　　　　　　　　　　　　3 720 000
　贷：材料采购　　　　　　　　　　　　　　　　　　　3 500 000
　　　材料成本差异　　　　　　　　　　　　　　　　　　 220 000

（二）原材料发出的核算

1. 在计划成本法下，原材料发出的核算也要编制《发出材料汇总表》，作为编制材料发出的记账凭证和登记总账的依据。

2. 月末需要根据本期的材料成本差异率来确定发出材料应负担的成本差异，从而将发出材料的计划成本调整为实际成本，以便企业能正确地计算产品的生产成本和当期的损益。

节约差

借：材料成本差异
　　贷：生产成本——基本生产成本
　　　　　　　　——辅助生产成本
　　　　制造费用
　　　　管理费用等

超支差记相反分录

材料成本差异率的计算公式如下：

本期材料成本差异率＝（期初结存材料的成本差异＋本期验收入库材料的成本差异）÷（期初结存材料的计划成本＋本期验收入库材料的计划成本）×100%

期初材料成本差异率＝期初结存材料的成本差异÷期初结存材料的计划成本×100%

发出材料应负担的成本差异＝发出材料的计划成本×材料成本差异率

举例：

1. 甲公司根据"发料凭证汇总表"的记录，某月 L 材料的消耗（计划成本）为：基本生产车间领用 2 000 000 元，辅助生产车间领用 600 000 元，车间管理部门领用 250 000 元，企业行政管理部门领用 50 000 元。则：

借：生产成本——基本生产成本　　　　　　　2 000 000
　　　　　　——辅助生产成本　　　　　　　　 60 000
　　制造费用　　　　　　　　　　　　　　　　250 000
　　管理费用　　　　　　　　　　　　　　　　 50 000
　　贷：原材料——L 材料　　　　　　　　　2 900 000

2. 接上例：甲公司某月月初结存 L 材料的计划成本为 1 000 000 元，成本差异为超支 30 740 元；当月入库 L 材料的计划成本 3 200 000 元，成本差异为节约 200 000 元。则：

材料成本差异率＝（30 740－200 000）÷（1 000 000＋3 200 000）×100%
　　　　　　　＝－4.03%（节约差）

结转发出材料的成本差异的分录为：

借：材料成本差异——L 材料　　　　116 870（2 900 000×4.03%）
　　贷：生产成本——基本生产成本　　 80 600（2 000 000×4.03%）
　　　　　　　　——辅助生产成本　　 24 180（600 000×4.03%）
　　　　制造费用　　　　　　　　　 10 075（250 000×4.03%）
　　　　管理费用　　　　　　　　　　2 015（50 000×4.03%）

说明：

发出材料应分担的成本差异，必须按月分摊，不得在季末或年末一次计算。

第三节 库存商品

一、库存商品的内容

库存商品是指企业库存的各种商品,包括库存的外购商品、自制的商品产品、存放在门市部准备出售的商品、发出展览的商品以及存在外库或存放在仓库的商品等。

二、工业企业库存商品的核算

设置"库存商品"科目进行核算。该科目借方登记企业已入库商品的实际成本(或进价)或计划成本(或售价);贷方登记发出商品的成本;期末余额在借方,反映企业结存商品的实际成本(或进价)或计划成本(或售价)。

"库存商品"科目通常应按商品的种类、品种和规格设置明细账,进行明细核算。

举例:

1. 甲公司"商品入库汇总表"记载,某月已验收入库 A 产品 1 000 台,实际单位成本 5 000 元。

商品入库的会计分录:

借:库存商品——A 产品　　　　　　　　　5 000 000
　　贷:生产成本——A 产品　　　　　　　　　5 000 000

2. 甲公司月末汇总的发出商品中,A 产品 500 台,实际成本 5 000 元。

发出商品,结转销售成本的会计分录:

借:主营业务成本——A 产品　　　　　　　2 500 000
　　贷:库存商品——A 产品　　　　　　　　　2 500 000

三、商品流通企业库存商品的核算

1. 毛利率法

毛利率法是根据本期实际销售额乘以上期实际(或本期计划)毛利率计算本期销售毛利,据以计算发出存货成本和期末结存存货成本的一种方法。

(1) 毛利率=销售毛利÷销售净额×100%

(2) 销售净额=商品销售收入-销售退回与折让

(3) 销售毛利=销售净额×毛利率

(4) 销售成本=销售净额-销售毛利

(5) 期末存货成本=期初存货成本+本期购货成本-本期销货成本

举例:

某商场月初纺织品存货 146 000 元,本月购货 850 000 元,销货 1 200 000 元,销售退回与折让合计 10 000 元,上季度该类商品毛利率 25%。计算本月销货成本和期末存货成本。

答案：

本月销售净额＝1 200 000－10 000＝1 190 000（元）

销售毛利＝1 190 000×25%＝297 500（元）

本月销售成本＝1 190 000－297 500＝892 500（元）

期末存货成本＝146 000＋850 000－892 500＝103 500（元）

优点：毛利率法是商品流通企业尤其是批发企业常用的一种发出存货计价方法。在商品品种繁多且同类商品毛利率各期大致相同的情况下，既简化了核算工作，又满足了管理的需要。

2. 售价金额核算法

商品进销差价率＝（期初库存商品进销差价＋本期购入商品进销差价）/（期初库存商品售价＋本期购入商品售价）×100%

本期已销商品分摊的进销差价＝本期商品销售收入×商品进销差价率

本期销售商品的成本＝本期商品销售收入－本期已销商品分摊的进销差价

期末结存商品的成本＝期初库存商品的进价成本＋本期购进商品的进价成本-本期销售商品的成本

举例：

某商店2003年1月期初存货成本100 000元，售价125 000元；本期购货成本450 000元，售价675 000元；本期销售收入640 000元。计算本月销售成本和期末存货成本。

进销差价率＝（100 000＋450 000）/（125 000＋675 000）＝68.75%

本期销售应分摊进销差价＝640 000×68.75%＝440 000元

本期销售商品成本＝640 000－440 000＝20 000（元）

期末存货成本＝100 000＋450 000－20 000＝530 000（元）

适用范围：商业零售企业——售价金额核算法；品种型号多。

第四节 存货的期末计价

一、存货清查核算

（一）存货清查的方法

实地盘点

1. 在存货清查过程中，如果账实不符，必须按规定先报有关部门审批，批准后才能进行账务处理。

2. 在有关部门批准之前，盘盈盘亏数需先记入"待处理财产损益"科目下的"待处理流动资产损益"，待批准后，再根据盘盈、盘亏的不同原因作出不同的处理。

盘盈的存货，在未查明原因之前，借记"库存商品"等科目，贷记"待处理财产损益"科目。

盘盈的存货在查明原因、批准处理之后，借记"待处理财产损益"科目，贷记"管理费用"科目。

盘亏毁损的存货，在未查明原因之前，借记"待处理财产损益"科目，贷记"库存商品"等科目。

盘亏的存货在查明原因、批准处理之后。

借：管理费用（合理损耗）
　　其他应收款——过失人
　　　　　　——保险公司
　　营业外支出——非常损失
　贷：待处理财产损益

举例

1. 某企业进行存货清查时，发现某产品盘盈100千克，计划单位成本为9.5元，计950元。

审批前：

借：库存商品　　　　　　　　　　　　　　　　　　　　　　950
　贷：待处理财产损益——待处理流动资产损益　　　　　　　950

审批后：

借：待处理财产损益——待处理流动资产损益　　　　　　　　950
　贷：管理费用　　　　　　　　　　　　　　　　　　　　　950

2. 某企业进行存货清查时，发现材料短缺5 000千克，其计划单位成本为3.6元，计18 000元。

审批前：

借：待处理财产损益——待处理流动资产损益　　　　　　18 000
　贷：原材料　　　　　　　　　　　　　　　　　　　　18 000

审批后：

A. 材料短缺中属于责任过失人造成2 000元损失，应由其予以赔偿。

借：其他应收款——过失责任人　　　　　　　　　　　　2 000
　贷：待处理财产损益——待处理流动资产损益　　　　　2 000

B. 材料短缺中，属于定额内合理耗损部分，价值500元，应计入费用。

借：管理费用　　　　　　　　　　　　　　　　　　　　　500
　贷：待处理财产损益——待处理流动资产损益　　　　　　500

C. 材料短缺中，属于非常损失部分，价值15 500元，其中，收回残料200元，保险公司给予赔款15 000元，剩余300元经批准转为营业外支出。

借：原材料　　　　　　　　　　　　　　　　　　　　　　200

其他应收款——保险公司		15 000
营业外支出——非常损失		300
贷：待处理财产损益——待处理流动资产损益		15 500

二、存货减值

（一）计价原则

按照我国现行会计准则的规定，会计期末，存货应当遵循成本与可变现净值孰低的原则计量。

成本是指存货的历史成本。

可变现净值是指在正常生产经营过程中，以存货的估计售价减去至完工时估计将要发生的成本、估计的销售费用以及相关税金后的金额。

成本与可变现净值孰低原则的具体含义是，当成本低于可变现净值时，期末存货按成本计价；当可变现净值低于成本时，期末存货按可变现净值计价。

规定：

存货成本高于其可变现净值的，应当计提存货跌价准备，计入当期损益。以前减记存货价值的影响因素已经消失的，减记金额应当予以恢复，但应以"存货跌价准备"科目的余额冲减至零为限。

（二）核算

（借）	存货跌价准备	（贷）
实际发生的存货跌价损失和冲减的存货跌价准备金额	计提的存货跌价准备金额	
	余：企业已计提尚未转销	

计提

借：资产减值损失——计提的存货跌价准备
　　贷：存货跌价准备

冲减

借：存货跌价准备
　　贷：资产减值损失——计提的存货跌价准备

练 习 题

一、单项选择题

1. 以下不属于企业存货的有（　　）。
   A. 原材料　　　B. 在产品　　　C. 工程用材料　　D. 周转材料
2. 不属于一般纳税人外购存货的采购成本包括（　　）。
   A. 支付的增值税　　　　　　　B. 采购时的运输费

C. 运输途中合理损耗　　　　　D. 入库前的整理挑选费

3. 采用"先进先出法"计算发出存货成本,期初库存硬盘数量为50件,单价1 000元;本月购入硬盘100件,单价1 050元;本月领用硬盘100件,其领用总成本为（　　）。

　　A. 102 500元　　B. 100 000元　　C. 105 000元　　D. 100 500元

4. 由于计量误差或定额内自然损耗、一般经营造成存货盘亏或损失,经批准可列入（　　）。

　　A. 其他应收款　　B. 营业费用　　C. 财务费用　　D. 管理费用

5. 下列不属于原材料在计划成本核算时设置的账户是（　　）。

　　A. 原材料　　　　　　　　　B. 材料成本差异
　　C. 在途物资　　　　　　　　D. 材料采购

6. 乙工业企业为增值税一般纳税企业,适用的增值税税率为17%。本月购进原材料1 000公斤,购买价款为50 000元,增值税税额为8 500元;发生的保险费为360元,入库前的挑选整理费用为130元;验收入库时发现数量短缺1%,经查属于运输途中的合理损耗。乙工业企业该批原材料实际单位成本为每公斤（　　）元。

　　A. 50.64　　　B. 50.87　　　C. 50　　　D. 51

7. 下列在原材料损失的选项中,计入"营业外支出"的是（　　）。

　　A. 计量差错引起原材料盘亏净损失　　B. 人为责任造成原材料净损失
　　C. 自然灾害造成原材料净损失　　　　D. 材料运输途中发生的合理损耗

8. 企业在材料收入的核算中,需在月末暂估入账并在下月初红字冲回的是（　　）。

　　A. 月末购货发票账单未到,但已入库的材料
　　B. 月末购货发票账单已到,货款已付但未入库的材料
　　C. 月末购货发票账单已到,货款已付且已入库的材料
　　D. 月末购货发票账单已到,货款未付且已入库的材料

9. 某企业材料采用计划成本核算。月初结存材料计划成本为130万元,材料成本差异为节约20万元。当月购入材料一批,实际成本110万元,计划成本120万元,领用材料的计划成本为100万元。企业当月领用材料的实际成本为（　　）万元。

　　A. 96　　　B. 88　　　C. 100　　　D. 112

10. 下列各项中,关于存货表述不正确的是（　　）。

　　A. 存货应按照成本进行初始计量
　　B. 存货成本包括:采购成本、加工成本和其他成本
　　C. 存货期末计价应采用成本与可变现净值孰低计量
　　D. 存货的清查方法与货币资金的清查方法一致

11. 某企业材料采用计划成本核算。月初结存材料计划成本为80万元,材料成本差异为超支20万元。当月购入材料一批,实际成本110万元,计划成本120万元,

领用材料的计划成本为 100 万元。企业当月领用材料应负担的材料成本差异为（　　）万元。

  A. 超支 5　　　　B. 节约 5　　　　C. 超支 15　　　　D. 节约 15

12. 采用"先进先出法"计算发出存货的成本。期初库存硬盘数量为 50 件，单价为 1 000 元，本月购入硬盘 100 件，单价为 1 050 元，本月领用硬盘 100 件，其领用总成本为（　　）。

  A. 102 500　　　B. 100 000　　　C. 105 000　　　D. 100 500

13. 实际成本法下，（　　）账户核算材料尚未到达或尚未验收入库物资的采购成本。

  A. 原材料　　　　　　　　　　B. 材料成本差异
  C. 在途物资　　　　　　　　　D. 材料采购

14. 存货的清查中，盘盈的存货，应（　　）。

  A. 冲减"管理费用"　　　　　B. 计入"营业外收入"
  C. 计入"其他业务收入"　　　D. 计入"本年利润"

15. 下列不应在发出材料借方登记的账户是（　　）。

  A. 生产成本　　B. 管理费用　　C. 制造费用　　D. 其他应收款

16. 盘亏的存货在查明原因、批准处理之后，下列选项中，不应计入借方的账户的是（　　）。

  A. 其他应收款　　　　　　　　B. 待处理财产损益
  C. 营业外支出　　　　　　　　D. 管理费用

17. 下列不属于发出材料的计价方法是（　　）。

  A. 个别计价法　　　　　　　　B. 直接转销法
  C. 先进先出法　　　　　　　　D. 移动加权平均法

18. 实际工作中，不影响存货入账价值的主要因素有（　　）。

  A. 自然灾害发生的直接材料、直接人工和制造费用
  B. 为特定客户设计产品所发生的、可直接确定的设计费用
  C. 采购过程中发生的运杂费
  D. 存货的购买价款，不包括可以抵扣的增值税

19. 某企业原材料按实际成本进行日常核算。2010 年 3 月 1 日结存甲材料 300 公斤，每公斤实际成本为 20 元；3 月 15 日购入甲材料 280 公斤，每公斤实际成本为 25 元；3 月 31 日发出甲材料 200 公斤。如按先进先出法计算 3 月份发出甲材料的实际成本为（　　）元。

  A. 400　　　　B. 500　　　　C. 4 000　　　　D. 1 400

20. 甲工业企业为增值税一般纳税人。本期外购原材料一批，购买价格为 10 000 元，增值税为 1 700 元，入库前发生的挑选整理费用为 500 元。该批原材料的入账价值为（　　）元。

A. 10 000　　　　B. 11 700　　　　C. 10 500　　　　D. 12 200

二、判断题

1. 成本与可变现净值孰低原则的具体含义是，当成本低于可变现净值时，期末存货按成本计价；当可变现净值低于成本时，期末存货按可变现净值计价。（　　）
2. 存货发生盘亏时属于非正常损失的部分，记入"营业外支出"科目。（　　）
3. 在实际成本核算时，当材料到达验收入库时，会计分录：

借：原材料　　　　　　　　　　　　　　　　　　12 600
　　贷：在途物资　　　　　　　　　　　　　　　　　　12 600
　　　　　　　　　　　　　　　　　　　　　　　　（　　）

4. "待处理财产损益"科目是资产类科目。（　　）
5. 企业结转销售商品成本，借方记入"生产成本"科目。（　　）
6. 购入材料在采购过程中发生的合理损耗会影响购入材料的总成本。（　　）
7. 企业自行生产产生的存货其初始成本包括投入的原材料或半成品、直接人工和按照一定方法分配的制造费用。（　　）
8. 委托代销商品由于其存货实体已经流出企业外部，所以不属于企业的存货。（　　）
9. 已经计提的存货跌价准备在以后期间不允许转回。（　　）
10. 一般情况下如果某种存货的市场价格持续下跌，并且在可预见的未来无回升的希望，那么说明该存货可能发生了减值，应计提存货跌价准备。（　　）
11. 对存货计提跌价准备符合企业会计信息质量要求的谨慎性原则。（　　）
12. "材料成本差异"科目期末如为借方余额，反映企业库存材料的实际成本小于计划成本差异。（　　）
13. 存货的加工成本包括直接材料、直接人工和制造费用。（　　）
14. 售价金额核算法适用于品种型号多的商业零售企业。（　　）
15. 发出材料应分担的成本差异，必须按月分摊，不得在季末或年末一次计算。（　　）
16. 入库前的挑选整理费用可以归入到存货的采购成本里。（　　）
17. 存货的买价包括发票上的价款和增值税。（　　）
18. 按照我国现行会计准则的规定，会计期末，存货应当遵循成本与可变现净值孰低的原则计量。成本是指存货的采购成本。（　　）
19. 当入库材料的实际成本小于计划成本，借记"材料成本差异"账户。（　　）
20. 存货的确认条件为：该存货包含的经济利益很可能流入企业；该存货的成本能够可靠地计量。（　　）

第六章　固定资产核算岗位

知识目标：
了解：固定资产后续计量内容、固定资产减值；
理解：固定资产概述、固定资产处置概述；
掌握：固定资产初始计量、固定资产折旧内容、固定资产处置账户设置及核算、固定资产清查。
技能目标：
通过学习本章内容，加强学生对固定资产内容的理解和运用，并在严格遵守会计法规的基础上认真做好固定资产的核算工作。

第一节　固定资产概述与初始计量

一、固定资产概述

企业持有固定资产的目的，是为了生产商品、提供劳务、出租或经营管理的需要，而不像商品一样为了对外出售。如：工业企业自用的汽车区别 4S 店销售的汽车。

（一）固定资产概念

固定资产是指同时具有以下特征的有形资产：

1. 为生产商品、提供劳务、出租或经营管理而持有。
2. 使用年限超过一个会计年度。

（二）固定资产的确认

固定资产在同时满足以下两个条件时才能加以确认：

1. 该固定资产包含的经济利益很可能流入企业。

即，资产最基本的特征是预期能给企业带来经济利益。

判断的主要依据是：与该固定资产所有权相关的风险和报酬是否转移到了企业。

2. 该固定资产的成本能够可靠地计量。

（三）固定资产的分类

1. 按固定资产经济用途分类

（1）生产用的固定资产：直接服务于企业生产、经营过程的各种固定资产，如生产经营用房屋、建筑物、机器、设备、器具、工具等。

（2）非生产用的固定资产：不直接服务于企业生产、经营过程的各种固定资产，如职工宿舍等用的房屋、设备等。

2. 固定资产按经济用途、使用情况和产权关系的综合分类，可分为以下 7 大类：

（1）生产经营用的固定资产；

（2）非生产经营用固定资产；

（3）经营租出固定资产（经营租赁方式下出租）；

（4）不需用固定资产；

（5）未使用固定资产；

（6）融资租入固定资产；

（7）土地。

补充资料

企业因征地而支付的补偿费，应计入与土地有关的房屋、建筑物的价值内，不单独作为土地价值入账。

企业取得的土地使用权应作为无形资产核算，不属于固定资产范畴。

（四）固定资产核算应设置的科目

1. "固定资产"账户

是核算固定资产的原始价值增减变动和结存情况的资产类账户。在该账户下，应按固定资产的类别和项目设置明细分类账户进行明细分类核算。

借　　　　固定资产　　　　贷
企业增加的固定资产的原始价值 ｜ 企业减少的固定资产的原始价值
企业现有固定资产的原始价值	

图 6-1　"固定资产"账户

2. "累计折旧"账户

是"固定资产"账户的备抵调整账户，用来核算企业固定资产的累计折旧数额。可按固定资产的类别或项目进行明细核算。

借　　　　累计折旧　　　　贷
折旧额的冲销数 ｜ 折旧额的增加数
｜ 企业现有固定资产的累计折旧额

图 6-2　"累计折旧"账户

3. "工程物资"账户

用来核算企业为基建工程、更改工程和大修理等在建工程准备的各种物资的成本。包括工程用材料、尚未安装的设备以及为生产准备的工器具等，可按专用材料、专用设备、工器具等进行明细核算。

借 工程物资	贷
企业购入的为工程准备的物资、盘盈的工程物资和工程完工办理退库手续的剩余工程物资	领用、盘亏、报废、毁损的工程物资
企业为工程购入但尚未领用的专用材料的实际成本； 购入需要安装设备的实际成本； 以及为生产准备但尚未交付的工具及器具的实际成本等。	

图 6-3 "工程物资"账户

4. "在建工程"账户

用来核算企业进行基建工程、安装工程、技术改造工程、大修理工程时发生的实际支出。

借 在建工程	贷
企业自营基建工程达到预定可使用状态前发生的全部净支出，工程建设期间所发生的工程物资盘亏、报废和毁损的处置损失以及基建工程达到预定可使用状态前进行负荷联合试车发生的费用	基建工程达到预定使用状态转出的实际工程成本
企业尚未达到预定可使用状态的在建工程的成本	

图 6-4 "在建工程"账户

二、固定资产的初始计量

固定资产的初始计量是指固定资产初始成本的确定。

固定资产成本包括企业为购建某项固定资产达到预定可使用状态前所发生的一切合理的、必要的支出。

支出包括：直接发生的价款、运杂费、包装费和安装成本；应承担的借款利息、外币借款折算差额及应分摊的其他间接费用。

固定资产的取得方式包括购买、自行建造、投资者投入、非货币性交易、债务重组等，取得方式的不同，其初始计量也各不相同。

（一）固定资产的计价

固定资产有三种计价方法：原始价值、重置价值、折余价值。

原始价值。固定资产原始价值简称原值，是指企业购建某项固定资产达到预定可使用状态前所发生的一切合理、必要的支出。

历史成本是固定资产的计价基础。

重置价值。固定资产的重置价值也称重置完全价值，是指在目前的市场条件下重新购建该项固定资产所需的全部支出。

适用范围：在实际工作中，企业对取得的无法确定原始价值的固定资产通常采用这种计价方法。

如：接受无凭据的固定资产捐赠等。

折余价值：固定资产的折余价值也称净值（net value），是指固定资产的原始价值或重置价值减去已提折旧后的剩余价值。它反映固定资产的现有价值。

《企业会计准则》中规定：固定资产应当按其成本入账。这里的成本是指历史成本，又称原始价值。

（二）外购固定资产

按实际支付的买价、增值税及进口关税等相关税费，使固定资产达到预定可使用状态前所发生的可直接归属于该固定资产的运输费、装卸费、安装费、场地整理费和专业人员服务费等入账。

外购固定资产又分为外购不需要安装的固定资产和外购需要安装的固定资产。

1. 购置不需要安装的固定资产

借：固定资产
　　应交税费——应交增值税（进项税）
　　　贷：银行存款等

举例：

甲公司购入设备，买价30 000元，增值税5 100元，并支付运输费、包装费等2 000元，全部款项以银行存款支付。

借：固定资产　　　　　　　　　　　　　　　　　　　　32 000
　　应交税费——应交增值税（进项税）　　　　　　　　　5 100
　　　贷：银行存款　　　　　　　　　　　　　　　　　　37 100

2. 购置需要安装的固定资产

企业购置的固定资产和以后发生的安装费先通过"在建工程"账户归集，安装完工后再转入"固定资产"账户。

（1）购入时

借：在建工程
　　应交税费——应交增值税（进项税）
　　　贷：银行存款

（2）支付安装费

借：在建工程（实际支付的费用）
　　　贷：银行存款

（3）领用外购材料时
借：在建工程
　　贷：原材料等
　　　　应交税费——应交增值税（进项税转出）

（4）领用自制存货时视同销售
借：在建工程
　　贷：库存商品等
　　　　应交税费——应交增值税（销项税）

（5）安装完工后达到预定可使用状态时，由在建工程科目转入固定资产科目
借：固定资产
　　贷：在建工程

举例

甲公司购入设备，买价 50 000 元，增值税 8 500 元，包装费、运输费 1 000 元，款项以银行存款支付。设备安装时，领用原材料 2 000 元，购进材料时支付增值税 340 元，支付工资 3 000 元。

1. 支付设备买价、税金、包装费、运输费

借：在建工程　　　　　　　　　　　　　　　　51 000
　　应交税费——应交增值税（进项税）　　　　 8 500
　　贷：银行存款　　　　　　　　　　　　　　59 500

2. 领安装材料

借：在建工程　　　　　　　　　　　　　　　　 2 340
　　贷：原材料　　　　　　　　　　　　　　　 2 000
　　　　应交税费——增值税（进项税额转出）　　 340

3. 支付工资

借：在建工程　　　　　　　　　　　　　　　　 3 000
　　贷：应付职工薪酬　　　　　　　　　　　　 3 000

4. 设备安装完毕交付使用

借：固定资产　　　　　　　　　　　　　　　　64 840
　　贷：在建工程　　　　　　　　　　　　　　64 840

（三）自行建造的固定资产

企业自行建造的固定资产，应按建造该固定资产达到预定可使用状态前所发生的必要支出（包括所消耗的材料、人工、其他费用和交纳的有关税金）作为固定资产的入账价值。

1. 自营工程：是指企业自行组织工程物资采购、自行组织施工人员施工队建筑工程和安装工程。

（1）购入工程物资时

借：工程物资
　　应交税费——应交增值税（进项税）
　　　贷：银行存款

（2）领用工程物资时

借：在建工程
　　　贷：工程物资

（3）领用外购材料时

借：在建工程
　　　贷：原材料等
　　　　　应交税费——应交增值税（进项税转出）

（4）领用自制存货时视同销售

借：在建工程
　　　贷：库存商品等
　　　　　应交税费——应交增值税（销项税）

（5）自营工程发生的其他费用

借：在建工程（实际支付的费用）
　　　贷：银行存款/应付职工薪酬等

（6）安装完工后达到预定可使用状态时

借：固定资产
　　　贷：在建工程

举例：

甲公司自行建造仓库一座

(1) 购入工程准备用的各种物资 300 000 元，增值税 51 000 元，以银行存款支付。

借：工程物资	300 000
应交税费——应交增值税（进项税）	51 000
贷：银行存款	351 000

(2) 建造工程领用工程物资共计 315 900 元。

借：在建工程	315 900
贷：工程物资	315 900

（3）工程领用本企业库存商品，其成本 7 000 元，计税价格 10 000 元，增值税 1 700 元。

借：在建工程	8 700
贷：库存商品	7 000
应交税费——应交增值税（销项税额）	1 700

（4）工程修建的职工工资 20 000 元。
　　借：在建工程　　　　　　　　　　　　　　　　　20 000
　　　　贷：应付职工薪酬　　　　　　　　　　　　　　　　　20 000
（5）辅助生产部门提供劳务，总成本 4 000 元。
　　借：在建工程　　　　　　　　　　　　　　　　　4 000
　　　　贷：生产成本——辅助生产成本　　　　　　　　　　4 000
（6）工程完工，转入固定资产。
　　借：固定资产　　　　　　　　　　　　　　　　　348 600
　　　　贷：在建工程　　　　　　　　　　　　　　　　　　348 600

2. 出包工程

出包工程是指企业通过招标等方式将工程项目发包给建造承包商，由建造承包商组织施工的建筑工程和安装工程。

企业发包的在建工程，应按合理估计的发包工程进度和合同规定结算的进度款作分录。

（1）按进度付款
　　借：在建工程
　　　　贷：银行存款
（2）工程完成时，按合同规定补付的工程款
　　借：在建工程
　　　　贷：银行存款
（3）完工交付使用
　　借：固定资产
　　　　贷：在建工程

（四）投资者投入的固定资产

投资者投入固定资产的成本，应当按照投资合同或协议约定的价值确定，但合同或协议约定价值不公允的除外。

　　借：固定资产
　　　　贷：实收资本

举例

甲公司收到某企业投入一台设备，投资各方确认价值为 50 000 元。
　　借：固定资产　　　　　　　　　　　　　　　　　50 000
　　　　贷：实收资本　　　　　　　　　　　　　　　　　　50 000

第二节　固定资产的折旧与后续计量

一、固定资产折旧内容

（一）固定资产折旧的概念

固定资产折旧是指固定资产在使用过程中由于各种损耗而减少的价值。

固定资产的这部分损耗的价值，在其预计的有效使用年限内进行分摊，转移到生产成本或当期费用中，形成折旧费。折旧是由损耗决定的。

（二）影响固定资产折旧的主要因素

1. 固定资产的原值

取得时的实际成本。

2. 固定资产的预计净残值

预计净残值，是指假定固定资产预计使用寿命已满并处于使用寿命终了时的预期状态，企业目前从该项资产处置中获得的扣除预计处置费用后的金额。

3. 固定资产减值准备

已计提的固定资产减值准备累计金额。

4. 固定资产的使用寿命

固定资产使用年限的长短直接影响各期应提的折旧额。

在确定固定资产使用寿命时，不仅要考虑固定资产的有形损耗，还要考虑固定资产的无形损耗。

企业应根据国家的有关规定，结合本企业的具体情况，合理确定固定资产的使用寿命。

相关规定：固定资产的使用寿命、预计净残值一经确定，不得随意变更。

（三）固定资产折旧范围

1. 应计提折旧的固定资产

（1）房屋和建筑物；在用的、未使用的、不需用的固定资产；季节性停用、大修理停用的固定资产；融资租入和以经营租赁方式租出的固定资产。

（2）已达到预定可使用状态的固定资产，无论是否交付使用，尚未办理竣工决算的，应当按照估计价值确认为固定资产，并计提折旧；待办理了竣工决算手续后，再按实际成本调整原来的暂估价值，但不需要调整原已计提的折旧额。

（3）融资租入的固定资产，应当采用与自有应计折旧资产相一致的折旧政策。

（4）处于修理、更新改造过程而停止使用的固定资产，符合固定资产的确认条件的，应当转入在建工程，停止计提折旧；不符合固定资产的确认条件的，不应转入在建工程，照提折旧。

2. 不应计提折旧的固定资产

（1）固定资产提足折旧后，不管能否继续使用，均不再计提折旧；提前报废的固定资产，也不再补提折旧。

（2）按规定单独估价作为固定资产入账的土地。

（3）以经营租赁方式租入的固定资产。

（4）处于更新改造过程而停止使用的固定资产，因已转入在建工程，不再计提折旧，待更新改造项目达到预定可使用状态转为固定资产后，再按重新确定的折旧方法和该固定资产尚可使用年限计提折旧。

注意： 以融资租赁租入的固定资产和以经营性租赁方式租出的固定资产，应当计提折旧；以融资租赁租出的固定资产和以经营性租赁方式租入的固定资产，不应当计提折旧。

3. 计提折旧的时间范围

一般应当按月提取折旧，当月增加的固定资产，当月不提折旧，从下月起计提折旧；当月减少的固定资产，当月仍提折旧，从下月起停止计提折旧。

提示：

（1）竣工决算：已达到预定可使用状态但尚未办理竣工决算的固定资产，应当按照估计价值确定其成本，并计提折旧；待办理竣工决算后，再按实际成本调整原来的暂估价值，但不需要调整原已计提的折旧额。

（2）更新改造期间——不提折旧

（3）大修理期间——照提折旧

（四）固定资产折旧的方法

相关规定：固定资产可选用的折旧方法，包括年限平均法、工作量法、双倍余额递减法和年数总和法等。

企业应当根据与固定资产有关的经济利益的预期实现方式，合理选择固定资产折旧方法。固定资产的折旧方法一经确定，不得随意变更。

1. 平均年限法

平均年限法又称直线法，是将固定资产的折旧均衡地分摊到各期的一种方法，是会计实务常用的一种方法。采用这种方法计算的每期折旧额均是等额的。

年折旧额＝（固定资产原值－预计净残值）÷预计使用年限

月折旧额＝年折旧额÷12

在实际核算中，通常以折旧率计算固定资产的折旧额，其计算公式如下：

年折旧率＝（1－预计净残值率）÷预计使用年限×100%

月折旧率＝年折旧率÷12

月折旧额＝固定资产原值×月折旧率

预计净残值率是预计净残值与原值的比率。

举例：

甲公司一楼房，原值120 000元，预计净残值率为2%，预计使用年限4年。

年折旧额＝120 000×（1－2%）÷4＝29400（元）

月折旧额＝29 400÷12＝2450（元）

平均年限法优缺点

（1）优点：方法简单明了，计算容易。

（2）缺点：未考虑固定资产使用情况；会导致各期使用成本不均衡。

适用于：在固定资产各个使用期间使用比较均衡情况下，采用这种方法比较合适。

2. 工作量法

工作量法（Unit of Production Method）是根据实际工作量计提折旧额的一种方法。这种方法弥补平均年限法只重使用时间，不考虑使用强度的缺点。

计算公式：

$$每一工作量折旧额 = \frac{固定资产原价 \times (1-残值率)}{预计总工作量}$$

某项固定资产月折旧额＝该项固定资产当月工作量×每一工作折旧额

举例：

甲公司一辆运输卡车，原值40 000元，预计净残值率5%，预计总工作量50万公里，当月完成工作量4 000公里。

单位工作量折旧额＝40 000×（1－5%）÷500 000＝0.076（元/公里）

本月折旧额＝4 000×0.076＝304（元）

说明：

采用加速折旧法，目的是在固定资产使用的早期多提折旧，后期少提折旧。而加快折旧速度，目的是使固定资产成本在估计使用年限内加快得到补偿。

包括：$\begin{cases} 双倍余额递减法 \\ 年数总和法 \end{cases}$

3. 双倍余额递减法

在不考虑固定资产残值的情况下，根据每期期初固定资产账面余额和双倍的直线法折旧率计算固定资产折旧的一种方法。

其计算公式如下：

年折旧率＝（2÷预计使用年限）×100%

月折旧率＝年折旧率÷12

月折旧额＝固定资产账面净值×月折旧率

注意点：双倍余额递减法不考虑固定资产的残值收入，在计算时，注意要使固定资产的账面折余价值等于固定资产的预计净残值，即在固定资产折旧年限到期的前两年内，将固定资产净值扣除预计净残值后的余额平均计算。即最后两年改为直线法计提折旧。

例题：

企业进口一台高新设备，原价为41万元，预计使用5年，预计报废时净残值为20 000元，要求采用双倍余额递减法为该设备计提的各年折旧额。

解：年折旧率＝（2÷5）×100％＝40％

第四、五年的折旧额＝（88 560－20 000）÷2＝34 280（元）

答案：

年份	年初账面净值	年折旧率	年折旧额	累计折旧额	年末账面净值
1	410 000	40％	164 000	164 000	246 000
2	246 000	40％	98 400	262 400	147 600
3	147 600	40％	59 040	321 440	88 560
4	88 560		34 280	355 720	54 280
5	54 280		34 280	390 000	20 000

注：月折旧额＝年折旧额÷12

详细解答：

第一年的年折旧额＝410 000×40％＝164 000（元）

累计折旧额＝164 000元

年末账面净值＝410 000－164 000＝246 000（元）

第二年的年折旧额＝246 000×40％＝98 400（元）

累计折旧额＝164 000＋98 400＝262 400（元）

年末账面净值＝246 000－98 400＝147 600（元）

第三年的年折旧额＝147 600×40％＝59 040（元）

累计折旧额＝262 400＋59 040＝321 440（元）

年末账面净值＝147 600－59 040＝88 560（元）

第四年的年折旧额＝（88 560－20 000）÷2＝34 280（元）

累计折旧额＝321 440＋34 280＝355 720（元）

年末账面净值＝88 560－34 280＝54 280（元）

第五年的年折旧额＝（88 560－20 000）÷2＝34 280（元）

累计折旧额＝355 720＋34 280＝390 000（元）

年末账面净值＝54 280－34 280＝20 000（元）

4. 年数总和法

年数总和法又称合计年限法，是将固定资产的原值减去净残值后的净额乘以一个逐年递减的分数计算每年的折旧额，这个分数的分子代表固定资产尚可使用的年数，分母代表使用年数的逐年数字总和。

年折旧率＝（尚可使用年数÷预计使用年限的年数总和）×100％

年折旧额＝（固定资产原值－预计净残值）×年折旧率

月折旧额＝年折旧额÷12

举例：

接前例，要求采用年数总和法计提各年折旧额。

答案：

年份	原值减净残值	尚可使用年限	年折旧率	年折旧额	累计折旧额	固定资产净值
1	390 000	5	5/15	130 000	130 000	280 000
2	390 000	4	4/15	104 000	234 000	176 000
3	390 000	3	3/15	78 000	312 000	98 000
4	390 000	2	2/15	52 000	362 000	46 000
5	390 000	1	1/15	26 000	390 000	20 000

注：月折旧额＝年折旧额÷12

答案：

原值减净残值＝410 000－20 000＝390 000（元）

第一年的年折旧率＝（尚可使用年数÷预计使用年限的年数总和）×100%

＝5÷15×100%

＝33.33%

第一年的年折旧额＝390 000×5÷15＝130 000（元）

累计折旧额＝130 000（元）

固定资产净值＝390 000－130 000＋20 000＝280 000（元）

第二年的年折旧率＝（尚可使用年数÷预计使用年限的年数总和）×100%

＝4÷15×100%＝26.67%

第二年的年折旧额＝390 000×4÷15＝104 000（元）

累计折旧额＝130 000＋104 000＝234 000（元）

固定资产净值＝390 000－234 000＋20 000＝176 000（元）

第三年的年折旧率＝（尚可使用年数÷预计使用年限的年数总和）×100%

＝3÷15×100%＝20%

第三年的年折旧额＝390 000×3÷15＝78 000（元）

累计折旧额＝234 000＋78 000＝312 000（元）

固定资产净值＝390 000－312 000＋20 000＝98 000（元）

第四年的年折旧率＝（尚可使用年数÷预计使用年限的年数总和）×100%

＝2÷15×100%＝13.33%

第四年的年折旧额＝390 000×2÷15＝52 000（元）

累计折旧额＝312 000＋52 000＝364 000（元）

固定资产净值＝390 000－364 000＋20 000＝46 000（元）

第五年的年折旧率＝（尚可使用年数÷预计使用年限的年数总和）×100%
$$=1\div 15\times 100\%=6.67\%$$
第五年的年折旧额＝390 000×1÷15＝26 000（元）
累计折旧额＝364 000＋26 000＝390 000（元）
固定资产净值＝390 000－390 000＋20 000＝20 000（元）

说明：

1. 采用加速折旧法，使固定资产在有效使用期的前期多提折旧，后期少提折旧，有利于加速企业的固定资产的更新改造和技术装备的提高。

2. 双倍余额递减法和年数总和法相比：

（1）计算基数的确定方式不同：双倍余额递减法的逐年减少；年数总和法的每年均相同。

（2）年折旧率的确定方式不同：双倍余额递减法的每年均相同；年数总和法的逐年减少。

（五）固定资产折旧的账务处理

企业按月计提的固定资产折旧，应按固定资产所处的部门不同，分别计入相关成本费用账户的借方，同时计入"累计折旧"账户的贷方。

借：成本、费用
　　贷：累计折旧

举例：

甲公司按规定计提本月固定资产折旧，生产部门固定资产折旧20 000元，管理部门固定资产折旧3000元，专设销售部门固定资产折旧700元，经营性出租固定资产折旧5000元。

借：制造费用	20 000
管理费用	3 000
销售费用	700
其他业务成本	5 000
贷：累计折旧	28 700

二、固定资产的后续支出

（一）固定资产后续支出的定义

固定资产的后续支出是指固定资产在使用过程中发生的更新改造支出、修理费用等。

计入的会计账户：

与固定资产有关的后续支出，符合上述确认条件的，应当计入固定资产的成本，不符合确认条件的，应当在发生时计入当期损益。

因此，固定资产后续支出包括资本化支出和费用化支出两类。

（二）固定资产后续支出的核算

1. 资本化后续支出

与固定资产有关的后续支出，如果使可能流入企业的经济利益超过了原先的估计，比如，延长了固定资产的使用寿命，或使产品的质量有实质性的提高，或使产品成本有实质性的降低，这属于固定资产的更新改造。则应计入固定资产的成本。

固定资产发生的可资本化的后续支出，通过"在建工程"科目核算。在固定资产发生的后续支出完工并达到预定可使用状态时，再从在建工程转为固定资产，并按重新确定的使用寿命、预计净残值和折旧方法计提折旧。

2. 费用化的后续支出

一般情况下，固定资产投入使用之后，由于固定资产磨损、各组成部分耐用程度不同，可能会导致固定资产的局部损坏，为了维持固定资产的正常运转和使用，充分发挥其使用效能，企业会对固定资产进行必要的维护。

相关规定：固定资产的日常维护支出只是确保固定资产的正常工作状况，通常不满足固定资产的确认条件，应在发生时计入管理费用或销售费用。

举例：

甲公司对管理部门的车辆进行经常性修理，以银行存款支付修理费6 000元。

借：管理费用　　　　　　　　　　　　　　　　　　　6 000
　　贷：银行存款　　　　　　　　　　　　　　　　　　6 000

第三节　固定资产的处置

一、固定资产处置概述

（一）固定资产处置的定义

企业在生产经营过程中，对那些不适用或不需用的固定资产，可以通过对外出售的方式进行处置。

对那些由于使用而不断磨损直到最终报废，或由于技术进步等原因发生提前报废等正常报废，或由于遭受自然灾害等非正常损失发生毁损的固定资产应及时进行清理。

此外，企业因其他原因，如对外投资、债务重组、非货币性资产交换等而减少的固定资产，也属于固定资产的处置。

提示：企业出售、转让、报废固定资产或发生固定资产毁损，应当将处置收入扣除账面价值和相关税费后的金额计入当期损益。固定资产的账面价值是固定资产成本扣减累计折旧和累计减值准备后的金额。

二、账户设置及核算步骤

（一）账户设置

企业因出售、报废、毁损、向其他单位投资转出、对外捐赠转出等原因减少的固定资产，要通过"固定资产清理"账户核算。

借	固定资产清理	贷
转入的清理的净值 清理过程中发生的费用	收回出售固定资产的价款 残料价值 变价收入	
余：清理后的净损失	余：清理后的净收益	
结转净收益	结转净损失	

注意：该账户清理完毕后应将其贷方或借方余额转入"营业外收入"或"营业外支出"账户。

（二）处置的基本程序

1. 将出售、报废和毁损的固定资产转入清理。
2. 核算发生的清理费用。
3. 核算出售收入和残料。
4. 计算应收取的保险或其他赔偿。
5. 结转清理净损益。

固定资产清理后的净收益，属于生产经营期间的，计入当期损益"营业外收入"账户；

固定资产清理后的净损失，若属于自然灾害等原因造成的损失则计入"营业外支出——非常损失"账户；

若属于生产经营期间正常的处理损失则计入"营业外支出——处置非流动资产净损失"账户。

（三）固定资产出售

企业因调整经营方针或因考虑技术进步等因素，可以将不需用的固定资产出售给其他企业，按照有关规定，企业销售不动产，还应按照销售额计算交纳营业税。

举例：

1. 企业将一台不需用的旧设备出售，该设备账面原价为 600 000 元，已提折旧 200 000 元，双方商定售价为 450 000 元（假定该企业对固定资产未提取减值准备）。

会计分录：

（1）固定资产转入清理时：

借：固定资产清理　　　　　　　　　　　　40 000
　　累计折旧　　　　　　　　　　　　　 200 000
　　贷：固定资产　　　　　　　　　　　　　　　　600 000

（2）收到价款时：
借：银行存款　　　　　　　　　　　　　　　　　450 000
　　贷：固定资产清理　　　　　　　　　　　　　　　450 000
（3）结转固定资产清理净收益：
借：固定资产清理　　　　　　　　　　　　　　　　50 000
　　贷：营业外收入——非流动资产处置利得　　　　　50 000

2. 宏远股份有限公司 2010 年 12 月将一辆吉普车对外出售，收到款项 84 000 元存入银行，该固定资产原价为 125 000 元，已计提折旧为 36 360 元。

（1）固定资产转入清理：
借：固定资产清理　　　　　　　　　　　　　　　　88 640
　　累计折旧　　　　　　　　　　　　　　　　　　 36 360
　　贷：固定资产　　　　　　　　　　　　　　　　125 000
（2）收到价款：
借：银行存款　　　　　　　　　　　　　　　　　　84 000
　　贷：固定资产清理　　　　　　　　　　　　　　 84 000
（3）结转固定资产清理后净损失：
借：营业外支出——非流动资产处置净损失　　　　　 4 640
　　贷：固定资产清理　　　　　　　　　　　　　　　4 640

（四）固定资产报废和毁损

固定资产的报废是指固定资产的使用磨损报废和由于技术进步而发生的提前报废；毁损主要是指自然灾害和责任事故所致。

举例：

某企业有厂房一幢，原价为 300 000 元，已提折旧 280 000 元，因使用期满批准报废。在清理过程中，以现金支付清理人员工资 5 000 元，拆除的残料作价 18 000 元，由仓库收作维修材料（假定该企业对固定资产未提取减值准备）。

会计分录：

1. 固定资产转入清理时：
借：固定资产清理　　　　　　　　　　　　　　　　20 000
　　累计折旧　　　　　　　　　　　　　　　　　　280 000
　　贷：固定资产　　　　　　　　　　　　　　　　300 000
2. 支付清理费用：
借：固定资产清理　　　　　　　　　　　　　　　　 5 000
　　贷：库存现金　　　　　　　　　　　　　　　　　5 000
3. 残料作价入库：
借：原材料　　　　　　　　　　　　　　　　　　　18 000
　　贷：固定资产清理　　　　　　　　　　　　　　 18 000

4. 结转固定资产清理净损失：

借：营业外支出——处置非流动资产损失　　　　　　7 000
　　贷：固定资产清理　　　　　　　　　　　　　　　　7 000

第四节　固定资产的期末计量

一、固定资产清查

定期或至少于每年年末对固定资产进行清查盘点，以保证固定资产核算的真实性，充分挖掘企业现有固定资产的潜力。
"填制固定资产盘盈盘亏报告表"
（一）固定资产盘盈
1. 盘盈
借：固定资产
　　贷：以前年度损益调整
2. 确定应交纳所得税
借：以前年度损益调整
　　贷：应交税费——应交所得税
3. 结转为留存收益
借：以前年度损益调整
　　贷：盈余公积
　　　　利润分配——未分配利润

举例：

某企业在财产清查中，发现未入账的设备一台，其市场价格为 30 000 元，估计折旧额为 10 000 元。

会计分录：

1. 盘盈固定资产时：

借：固定资产　　　　　　　　　　　　　　　　　　20 000
　　贷：以前年度损益调整　　　　　　　　　　　　　　20 000

2. 盘盈设备报经批准转销时：

借：以前年度损益调整　　　　　　　　　　　　　　20 000
　　贷：盈余公积　　　　　　　　　　　　　　　　　　20 000

（二）固定资产盘亏
1. 固定资产盘亏批准前后的核算方法
批准前：
借：待处理财产损益——待处理固定资产损益（账面价值）

　　　　累计折旧（按已提折旧额）
　　　　固定资产减值准备（按已提减值准备）
　　　　贷：固定资产（按账面原值）
批准后：
借：其他应收款（按应得赔偿）
　　营业外支出——盘亏损失
　　贷：待处理财产损益——待处理固定资产损益

举例：

某企业进行财产清查时盘亏设备一台，该设备账面原价为 20 000 元，已提折旧 8 000 元，减值准备 1 000 元。

会计分录：

1. 盘亏设备时：

借：待处理财产损益——待处理固定资产损益　　　　　　　11 000
　　累计折旧　　　　　　　　　　　　　　　　　　　　　 8 000
　　固定资产减值准备　　　　　　　　　　　　　　　　　 1 000
　　贷：固定资产　　　　　　　　　　　　　　　　　　　　　　20 000

2. 盘亏设备报经批准转销时：

借：营业外支出——固定资产盘亏损失　　　　　　　　　11 000
　　贷：待处理财产损益——待处理固定资产损益　　　　　　　 11 000

二、固定资产减值准备

由于固定资产发生损坏、技术陈旧或其他经济原因，导致固定资产可收回金额低于其账面价值。

（一）固定资产减值准备的确认

如果固定资产的可收回金额低于其账面价值，企业应当按可收回金额低于账面价值的差额计提固定资产减值准备，并计入当期损益，即资产减值损失。

（二）固定资产减值准备的账务处理

为了核算固定资产提取的减值准备，应设置"固定资产减值准备"账户。该账户属资产类账户，是固定资产净值的备抵账户。

借	固定资产减值准备	贷
处置固定资产时结转的减值准备		固定资产减值准备的提取数
		企业已计提但尚未转销的固定资产减值准备

图 6-5　固定资产减值准备

举例：

年末，A 公司对其拥有的固定资产进行逐项检查，其中一项生产用设备账面价值 100 000 元，预计可收回金额为 70 000 元，则年末计提固定资产减值准备 30 000 元。

会计分录：

借：资产减值损失——计提的固定资产减值准备　　　　30 000
　　贷：固定资产减值准备　　　　　　　　　　　　　　　30 000

练 习 题

一、单项选择题

1. 下列属于企业固定资产的有（　　）。
   A. 融资租入的固定资产　　　　B. 库存商品
   C. 土地使用权　　　　　　　　D. 汽车销售商用于出售的汽车
2. 下列不应当计入外购需要安装设备原始价值核算的有（　　）。
   A. 专业人员服务费　　　　　　B. 安装成本
   C. 该固定资产增值税的进项税　D. 运输费
3. 企业自建仓库一座，发生下列费用，不应通过"在建工程"核算的有（　　）。
   A. 领用工程物资 260 000 元
   B. 支付工程人员工资 35 000 元
   C. 达到预计使用状态前的工程借款利息支出 12 000 元
   D. 达到预计使用状态后的工程借款利息支出 9 000 元
4. 固定资产净残值的计算方法是（　　）。
   A. 固定资产实际残值收入——实际清理费用
   B. 固定资产预计残值收入——预计清理费用
   C. 固定资产实际残值收入——预计清理费用
   D. 固定资产预计残值收入——实际清理费用
5. 某项固定资产使用年限为 5 年，采用年数总和法计提折旧，第一年折旧率是（　　）。
   A. 20%　　　　B. 30%　　　　C. 33.33%　　　　D. 40%
6. 下列固定资产中，应计提折旧的是（　　）。
   A. 未提足折旧提前报废的房屋　　B. 以融资租赁方式租入的设备
   C. 已提足折旧继续使用的设备　　D. 经营租赁租入的房屋
7. 某设备的账面原价为 100 万元，预计使用年限为 4 年，预计净残值为 4 万元，按年数总和法计提折旧。该设备在第 2 年应计提的折旧额为（　　）万元。
   A. 28.8　　　　B. 30　　　　C. 25　　　　D. 24
8. 购入需要安装的生产设备的增值税进项税额应计入（　　）。
   A. 应交税费　　B. 固定资产　　C. 营业外支出　　D. 在建工程

9. 某项设备原价为 20 000 元，预计使用 5 年，预计净残值为 600 元，该设备采用双倍余额递减法计提折旧，每一年应计提的折旧额为（   ）。

　　A. 3 880 元　　　B. 4 000 元　　　C. 7 760 元　　　D. 8 000 元

10. S 公司 2010 年 6 月购入设备安装某生产线。该设备购买价格为 3 000 万元，增值税税额为 510 万元，支付保险、装卸费用 30 万元。该生产线安装期间，领用生产用原材料的实际成本为 200 万元，发生安装工人工资等费用 50 万元。假定该生产线 10 月 20 日达到预定可使用状态，预计使用 10 年，采用年限平均法计提折旧，无残值。该生产线 2010 年计提的折旧额应为（   ）万元。

　　A. 56.01　　　B. 54.67　　　C. 55.35　　　D. 82

11. 下列固定资产中，应计提折旧的是（   ）。

　　A. 单独计价入账的土地　　　　B. 经营租赁租入的房屋
　　C. 未提足折旧提前报废的设备　　　D. 闲置的房屋

12. 企业按照规定计提固定资产折旧时，不能借记的会计科目有（   ）。

　　A. 管理费用　　　B. 财务费用　　　C. 制造费用　　　D. 营业费用

13. 采用出包方式建造固定资产时，对于按合同规定预付的工厂价款，应借记的会计科目是（   ）。

　　A. 预付账款　　　B. 工程物资　　　C. 在建工程　　　D. 固定资产

14. 下列固定资产减少业务不通过"固定资产清理"科目核算的是（   ）。

　　A. 固定资产的报废　　　　B. 固定资产的处置
　　C. 固定资产的毁损　　　　D. 固定资产的盘亏

15. 甲公司有货车一辆，采用工作量法计提折旧。原值为 200 000 元，预计使用 10 年，每年行程里程为 60 000 公里，净残值率为 5%，当月行驶里程 4 000 公里，该货车的当月折旧额为（   ）。

　　A. 1 266.67　　　B. 12 666.67　　　C. 1 333.33　　　D. 3 000

16. 某企业出售一台设备（不考虑相关税费），原值 160 000 元，已提折旧 35 000 元，出售设备时发生固定资产清理费用 3 000 元，出售设备所得价款 100 000 元。该设备出售净收益是（   ）元。

　　A. 55 000　　　B. 20 000　　　C. -55 000　　　D. -20 000

17. 某企业 2007 年 5 月期初固定资产原值为 100 000 元，5 月增加了一项固定资产入账价值为 500 万元；同时 5 月份减少了固定资产原值 600 万元；则 5 月份该企业应提折旧的固定资产原值为（   ）万元。

　　A. 100 500　　　B. 99 400　　　C. 100 000　　　D. 99 900

18. 下列属于固定资产加速折旧法的是（   ）。

　　A. 平均年限法　　　B. 工作量法　　　C. 先进先出法　　　D. 年数总和法

19. 企业计提固定资产折旧时，与"累计折旧"账户相对应的账户可能是（   ）。

　　A. 固定资产　　　B. 管理费用　　　C. 投资收益　　　D. 银行存款

20. 某固定资产原值为 250 000 元，预计净残值 6 000 元，预计可以使用 8 年，按照双倍余额递减法计算，第二年应提取的折旧（   ）元。

A. 46 875　　　　B. 45 750　　　　C. 61 000　　　　D. 30 500

二、判断题

1. 固定资产清理净收益，属于生产经营期间的，贷记"其他业务收入"账户。（   ）

2. 由保险公司或过失人承担的损失，在"固定资产清理"账户借方登记。（   ）

3. 累计折旧账户是固定资产账户的抵减账户。（   ）

4. 固定资产的使用寿命、预计净残值一经确定，不得随意变更。（   ）

5. 当月减少的固定资产，当月停止提折旧。（   ）

6. 实行双倍余额递减法计提折旧的固定资产，应当在该固定资产折旧年限到期以前两年内，将该固定资产净值（扣除净残值）平均摊销。（   ）

7. 固定资产盘盈应贷记"待处理财产损益"科目。（   ）

8. 企业取得的土地使用权应作为无形资产核算，不属于固定资产范畴。（   ）

9. 固定资产折旧方法的选用应当遵循一贯性原则。（   ）

10. 某设备原价为 90 000 元，预计净残值 2 700 元，预计可以使用 15 000 小时，实际使用 12 000 小时，其中第五年实际是使用 3 000 小时，采用工作量法第五年应提折旧为 17 460 元。（   ）

11. "固定资产减值准备"账户。该账户属资产类账户，是固定资产账户的备抵账户。（   ）

12. 固定资产发生的可资本化的后续支出，通过"在建工程"科目核算。（   ）

13. "累计折旧"账户是"固定资产"账户的备抵调整账户，用来核算企业固定资产的累计折旧数额。（   ）

14. 固定资产清理后的净损失，若属于自然灾害等原因造成的损失计入"其他业务支出"科目核算。（   ）

15. 固定资产的取得方式包括购买、自行建造、投资者投入、非货币性交易、债务重组等，取得方式的不同，其初始计量也各不相同。（   ）

16. 固定资产的日常维护支出只是确保固定资产的正常工作状况，通常不满足固定资产的确认条件，应在发生时计入管理费用或销售费用。（   ）

17. 年数总和法最后两年改为直线法计提折旧。（   ）

18. 重置成本是固定资产的计价基础。（   ）

19. 固定资产的报废是指固定资产的使用磨损报废和由于技术进步而发生的提前报废。（   ）

20. 投资者投入固定资产的成本，应当按照投资合同或协议约定的价值确定，但合同或协议约定价值不公允的除外。（   ）

第七章　职工薪酬核算岗位

知识目标：
了解：工资的计算、工资计提比例；
熟悉：职工薪酬内容；
掌握：应付职工薪酬的核算。
技能目标：
通过学习本章内容，提高学生对职工薪酬的核算工作能力。

第一节　职工薪酬概述

一、职工薪酬内容

（一）定义
职工薪酬是指企业为获得职工提供的服务而给予各种形式的报酬及其相关支出。
（二）职工薪酬内容
1. 职工工资、奖金、津贴和补贴；
2. 职工福利费；
3. 医疗保险费、养老保险费、失业保险费、工伤保险费、和生育保险费等保险费；
4. 住房公积金；
5. 工会经费和职工教育经费；
6. 非货币性福利；
7. 因解除与职工的劳动关系给予的补偿（辞退福利）；
8. 其他与获得职工提供的服务相关的支出。
（三）职工范围
指与企业订立劳动合同的所有人员，含全职、兼职和临时职工；也包括虽未与企业订立劳动合同但由企业正式任命的人员，如董事会成员、监事成员等；还包括在企业的计划和控制下，虽与企业未订立劳动合同或企业未正式任命，为企业提供与职工类似服务的人员。

二、工资的计算

1. 计时工资的计算（分为月工资制和日工资制）
（1）月工资制（全勤月工资制）
不管当月的日历天数多少（月大月小），只要职工出满勤，就可以得到相同的全勤月工资，若发生缺勤，应在全勤工资中扣除。
（2）日工资制
是按照职工实际出勤天数和日工资率计算应付工资的方法。
应付工资＝出勤天数×日工资率＋奖金＋津贴和补贴＋缺勤应得工资
2. 计件工资的计算
（1）个人计件工资的计算
应付个人计件工资＝（合格品数量＋料废品数量）×计件单价
（2）集体计件工资的计算
一是计算该集体（班、组）应得计件工资总额。
二是将集体计件工资在集体成员之间进行分配。

第二节　应付职工薪酬

一、应付职工薪酬的核算

（一）账户设置
1."应付职工薪酬"账户
核算企业根据有关规定应付给职工的各种薪酬。
贷方登记：本月实际发生的应付职工薪酬总额，即应付职工薪酬的分配数。
借方登记：本月实际支付的各种应付职工薪酬。
期末贷方余额：反映企业尚未支付的应付职工薪酬。
"应付职工薪酬"的明细科目
　　　　——工资
　　　　——职工福利费
　　　　——社会保险费
　　　　——住房公积金
　　　　——工会经费
　　　　——职工教育经费
　　　　——非货币性福利
　　　　——辞退福利

2. 计提比例

（1）医疗保险费：10%（注意：各地的缴纳比率是有差别的，如上海是12%）；

（2）养老保险费：12%（注意：各地的缴纳比率是有差别的，如上海是22%）；

（3）失业费：2%（注意：各地的缴纳比率是有差别的，如上海是2%）；

（4）工伤保险：1%（注意：各地的缴纳比率是有差别的，如上海是0.5%）；

（5）生育保险：1%（注意：各地的缴纳比率是有差别的，如上海是0.5%）；

（6）住房公积金：10.5%（注意：各地的缴纳比率是有差别的，如上海是7%）；

（7）工会经费：2%；

（8）职工教育经费：2.5%。

（二）应付职工薪酬的核算

1. 货币性职工薪酬

（1）确认应付职工薪酬

借：费用

　　贷：应付职工薪酬

（2）借方费用原则：（按职工提供服务的受益对象）

生产部门人员的职工薪酬（生产人员）——"生产成本"账户

车间管理者的职工薪酬——"制造费用"账户

管理部门人员的职工薪酬——"管理费用"账户

销售人员的职工薪酬——"销售费用"账户

由在建工程负担的职工薪酬——"在建工程"账户

由在研发支出负担的职工薪酬——"研发支出"账户

举例：

（1）某公司本月应付职工薪酬总额为 205 000 元，其中，车间生产工人工资 150 000 元，车间管理人员工资 20 000 元，厂部行政管理人员工资 15 000 元，从事专项工程人员工资 10 000 元，福利人员工资 5 000 元，生产工人其他福利 5 000 元。该公司月末应进行如下的会计处理：

借：生产成本　　　　　155 000（150 000 工资＋5 000 福利）

　　制造费用　　　　　 20 000

　　管理费用　　　　　 20 000（15 000 元管理＋5 000 元福利人员工资）

　　在建工程　　　　　 10 000

　　　贷：应付职工薪酬——工资　205 000

（2）企业从职工张华的工资中扣除代垫的住院医药费 800 元。编制相应的会计分录。

借：应付职工薪酬——工资　　　　　　　　　　　　800

　　　贷：其他应收款——张华　　　　　　　　　　　　800

（3）企业提取现金，发放职工薪酬共计 300 000 元。

A. 向银行提取现金

借：库存现金　　　　　　　　　　　　　　　300 000
　　贷：银行存款　　　　　　　　　　　　　　300 000

B. 发放工资

借：应付职工薪酬——工资　　　　　　　　　300 000
　　贷：库存现金　　　　　　　　　　　　　　300 000

2. 非货币性职工薪酬

（1）自产产品作为福利

按产品的含税售价确认为企业的费用，并增加负债（应付职工薪酬）。

产品视同销售确认收入和成本，抵减负债（发放职工薪酬）。

举例

（1）甲公司为一家彩电生产企业，共有职工 200 名，2010 年 2 月，公司以其生产的每台成本为 1000 元的电视机作为福利发放给公司每名职工。该型号电视机的售价为每台 1400 元，适用增值税税率为 17%。假定公司职工中 170 名为直接参加生产的人员，30 名为总部管理人员。该公司此项职工福利应作如下账务处理：

电视机的增值税销项税额＝170×1 400×17%＋30×1 400×17%
　　　　　　　　　　　＝40 460＋7 140＝47600（元）

借：生产成本　　　　　　　　　　　　　　　278 460
　　管理费用　　　　　　　　　　　　　　　　49 140
　　贷：应付职工薪酬——非货币性福利　　　　327 600

（2）该公司向职工发放电视机作为福利，同时根据相关税收规定，视同销售计算增值税销项税额。该公司有关的会计处理如下：

借：应付职工薪酬　　　　　　　　　　　　　327 600
　　贷：主营业务收入　　　　　　　　　　　　280 000
　　　　应交税费——应交增值税（销项税额）　4 760

借：主营业务成本　　　　　　　　　　　　　200 000
　　贷：库存商品　　　　　　　　　　　　　　200 000

练 习 题

一、单项选择题

1. 应在"应付职工薪酬"账户贷方登记的是（　　）。
　　A. 本月实际支付的工资数　　　　B. 本月应分配的工资总额
　　C. 本月结转的代扣款项　　　　　D. 本月多支付的工资数

2. 某饮料生产企业为增值税一般纳税人，年末将本企业生产的一批饮料发放给职工作为福利。该饮料市场售价为 12 万元（不含增值税），增值税适用税率为 17%，实际成本为 10 万元。假定不考虑其他因素，该企业应确认的应付职工薪酬为（　　）万元。
   A. 10   B. 11.7   C. 12   D. 14.04
3. 下列各项中，不属于应付职工薪酬核算内容的有（　　）。
   A. 住房公积金
   B. 工会经费和职工教育经费
   C. 职工因工出差的差旅费
   D. 因解除与职工的劳动关系给予的补偿
4. 某公司向职工发放自产的加湿器作为福利，该产品的成本为每台 150 元，共有职工 500 人，计税价格为 200 元，增值税税率为 17%，计入该公司应付职工薪酬的金额为（　　）元。
   A. 117 000   B. 75 000   C. 100 000   D. 92 000
5. 能够计入产品成本的工资费用是（　　）。
   A. 生产人员的工资   B. 在建工程人员工资
   C. 专设销售机构人员工资   D. 企业管理部门人员工资
6. 车间直接参加产品生产工人的工资，计入（　　）账户借方。
   A. 生产成本   B. 制造费用   C. 管理费用   D. 应付职工薪酬
7. 企业从应付职工工资中代扣代交的个人所得税，应借记的会计科目是（　　）。
   A. 应付职工薪酬   B. 管理费用
   C. 其他应收款   D. 其他应付款
8. 下列各项职工薪酬中，能直接在"管理费用"中列支的有（　　）。
   A. 生产人员的薪酬   B. 车间管理人员的薪酬
   C. 行政人员的薪酬   D. 研发人员的薪酬
9. 下列各项中，应从应付职工薪酬中列支的有（　　）。
   A. 支付办公费 3 000 元   B. 支付维修费 2 000 元
   C. 支付业务招待费 10 000 元   D. 支付职工食堂人员工资 20 000 元
10. 无偿向职工提供住房等资产使用的，计提折旧时涉及的会计科目是（　　）。
    A. 应付职工薪酬   B. 银行存款
    C. 其他应收款   D. 其他应付款

二、判断题

1. 企业为职工缴纳的基本养老保险金、补充养老保险费，以及为职工购买的商业养老保险，均属于企业提供的职工薪酬。（　　）
2. 职工离职后，企业提供给职工的全部货币性薪酬和非货币性福利，不应通过"应付职工薪酬"科目核算。（　　）

3. 公司向职工发放自产产品作为福利，同时要根据相关税收规定，视同销售计算增值税销项税额。（   ）

4. 企业将自产的产品发放给职工作为福利，应视同销售物资计算应交增值税，借记"应付职工薪酬"科目，贷记"主营业务收入""应交税费——应交增值税（销项税额）"等科目，同时结转产品成本。（   ）

5. 企业向职工食堂、职工医院、生活困难职工等支付职工福利费，借记"应付福利费"科目，贷记"应付职工薪酬"科目。（   ）

6. 企业应付给因解除与职工的劳务关系给予的补偿不应通过"应付职工薪酬"科目核算。（   ）

7. 企业的应付职工薪酬都应计入产品生产成本中。（   ）

8. 企业为职工缴纳的基本养老保险金、补充养老保险费，以及为职工购买的商业养老保险，均属于企业提供的职工薪酬。（   ）

9. 与企业未订立劳动合同或企业未正式任命，为企业提供与职工类似服务的人员不属于职工范畴。（   ）

10. 因解除与职工的劳动关系给予的补偿通过"应付职工薪酬"账户核算。（   ）

第八章 应交税费核算岗位

知识目标：
理解：应交增值税概述、应交消费税概述、应交营业税概述；
掌握：应交增值税的核算、应交消费税的核算、应交营业税的核算、应交城市维护建设税的核算、应交教育费附加的核算、应交个人所得税的核算、应交企业所得税的核算。
技能目标：
通过本章内容的学习，提高学生对我国税法的认识，并能够灵活运用本章各税种的知识内容。

第一节 应交增值税

一、应交增值税概述

（一）应交税费的账户设置

设置"应交税费"科目，核算按税法等规定计算应交纳的各种税费，包括：增值税、消费税、营业税、所得税、资源税、土地增值税、城市维护建设税、房产税、土地使用税、车船使用税、企业代扣代交个人所得税、教育费附加、矿产资源补偿费等。

按应交的税费项目设置明细账

（二）应交增值税纳税人

1. 一般纳税人：17%，13%

一般纳税人认定标准：

（1）生产货物或者提供应税劳务的纳税人，以及以生产货物或者提供应税劳务为主（即纳税人的货物生产或者提供应税劳务的年销售额占应税销售额的比重在50%以上）并兼营货物批发或者零售的纳税人，年应税销售额超过 50 万的；

（2）从事货物批发或者零售经营，年应税销售额超过 80 万元的。

2. 小规模纳税人：3%

小规模纳税人认定标准：

（1）从事货物生产或者提供应税劳务的纳税人，以及从事货物生产或者提供应税劳务为主（即纳税人的货物生产或者提供劳务的年销售额占年应税销售额的比重在50%以上），并兼营货物批发或者零售的纳税人，年应征增值税销售额（建成应税销售额）在50万元以下（含本数）的。

（2）除上述规定以外的纳税人，年应税销售额在80万元以下（含本数）

（三）增值税征税对象

征税对象：销售货物、进口货物，或提供加工、修理修配劳务

（四）增值税的分类

根据对外购固定资产所含税金扣除方式的不同，增值税可以分为：

1. 生产型增值税

生产型增值税指在征收增值税时，只能扣除属于非固定资产项目的那部分生产资料的税款，不允许扣除固定资产价值中所含有的税款。该类型增值税的征税对象大体上相当于国民生产总值，因此称为生产型增值税。

2. 收入型增值税

收入型增值税指在征收增值税时，只允许扣除固定资产折旧部分所含的税款，未提折旧部分不得计入扣除项目金额。该类型增值税的征税对象大体上相当于国民收入，因此称为收入型增值税。

3. 消费型增值税

消费型增值税指在征收增值税时，允许将固定资产价值中所含的税款全部一次性扣除。这样，就整个社会而言，生产资料都排除在征税范围之外。该类型增值税的征税对象仅相当于社会消费资料的价值，因此称为消费型增值税。2008年11月5日，国务院常务会议决定，自2009年1月1日起，在全国所有地区、所有行业推行增值税转型改革。所谓增值税转型就是将生产型增值税转为消费型增值税。不同类型增值税会计处理存在较大区别。

（五）明细账户设置（一般纳税人）

明细账户设置如下表所示：

应交税费——应交增值税明细账

年		凭证号	摘要	借方			贷方				借或贷	余额
月	日			进项税额	已交税金	转出未交增值税	销项税额	进项税额转出	出口退税	转出多交增值税		

二、应交增值税的核算

（一）一般纳税企业的会计处理

1. 采购商品和接受应税劳务（进项税额）

借：材料采购（在途物资、原材料、库存商品等）（采购成本）

　　　　应交税费——应交增值税（进项税额）
　　　　　贷：应付账款（应付票据、银行存款等）
退货时做相反分录。
举例：
　　某企业为增值税一般纳税企业，购入原材料一批，增值税专用发票上注明货款50 000元，增值税税额8 500元，货物尚未到达，款项已用银行存款支付。该企业采用实际成本对原材料进行核算。该企业有关的会计分录如下：
　　借：在途物资　　　　　　　　　　　　　　　　　　　50 000
　　　　应交税费——应交增值税（进项税额）　　　　　　 8 500
　　　　　贷：银行存款　　　　　　　　　　　　　　　　　　58 500

2. 销售物资或者提供应税劳务
　　借：应收账款（应收票据、银行存款等）
　　　　贷：主营业务收入（其他业务收入）（按确认的营业收入）
　　　　　　应交税费——应交增值税（销项税额）（按专用发票上注明的增值税额）
发生销售退回时做相反分录
举例：
　　某企业销售产品一批，价款600 000元，按规定应收取增值税额102 000元，提货单和增值税专用发票已交给买方，款项尚未收到。该企业有关的会计分录如下：
　　借：应收账款　　　　　　　　　　　　　　　　　　　702 000
　　　　贷：主营业务收入　　　　　　　　　　　　　　　　600 000
　　　　　　应交税费——应交增值税（销项税额）　　　　 102 000

3. 视同销售的行为：
（1）将自产或委托加工的货物用于非应税项目；
（2）将自产或委托加工的货物用于集体福利或个人消费；
（3）将自产、委托加工或购买的货物作为投资；
（4）将自产、委托加工或购买的货物分配给股东或投资者；
（5）将自产、委托加工或购买的货物无偿赠送他人。
举例：
　　甲企业将自己生产的产品用于自行建造职工俱乐部。该批产品的成本为200 000元，计税价格为300 000元。增值税税率为17%。该企业的会计分录如下：
　　借：在建工程　　　　　　　　　　　　　　　　　　　251 000
　　　　贷：库存商品　　　　　　　　　　　　　　　　　　200 000
　　　　　　应交税费——应交增值税（销项税）　　　　　　51 000（300 000×17%）

4. 交纳增值税
（1）本月上交本月的增值税
　　借：应交税费——应交增值税（已交税金）

贷：银行存款
（2）本月上交上月应交未交的增值税
借：应交税费——未交增值税
　　贷：银行存款
举例：
某企业以银行存款交纳本月增值税100 000元。该企业的有关会计分录如下：
借：应交税费——应交增值税（已交税金）　　　100 000
　　贷：银行存款　　　　　　　　　　　　　　　　　　100 000

（二）小规模纳税企业增值税的会计处理
1. 概述
（1）小规模纳税企业不享有进项税额的抵扣权，其购进货物或接受应税劳务支付的增值税直接计入有关货物或劳务的成本。
（2）小规模纳税企业应当按照不含税销售额和规定的增值税征收率计算交纳增值税。
（3）销售货物或提供应税劳务时只能开具普通发票，不能开具增值税专用发票。
（4）小规模纳税企业只需在"应交税费"科目下设置"应交增值税"明细科目，不需要在"应交增值税"明细科目中设置专栏。

2. 采购
举例：
某小规模纳税企业购入材料一批，取得的专用发票中注明货款30 000元，增值税5 100元，款项以银行存款支付，材料已验收入库，该企业按实际成本计价核算。该企业有关的会计分录如下：
借：原材料　　　　　　　　　　　　　　　　　　35 100
　　贷：银行存款　　　　　　　　　　　　　　　　　　35 100

3. 销售
含税销售额转为不含税销售额。
举例：
某小规模纳税企业销售产品一批，所开出的普通发票中注明的价款（含税）为51 500元，增值税征收率为3%，款项已存入银行。该企业有关的会计分录如下：
借：银行存款　　　　　　　　　　　　　　　　　　51 500
　　贷：主营业务收入　　　　　　　　　　　　　　　　50 000
　　　　应交税费——应交增值税　　　　　　　　　　　1 500
不含税销售额＝含税销售额÷（1＋征收率）＝51 500÷（1＋3%）＝50 000（元）
应纳增值税＝不含税销售额×征收率＝50 000×3%＝1 500（元）

第二节　应交消费税

一、应交消费税概述

（一）概念

消费税是对在我国境内从事生产、委托加工和进口应税消费品的单位和个人，就其销售额或销售数量，在特定环节征收的一种流转税。

（二）征税对象

消费税征税对象如下表所示：

表 8-1　消费税税目税率表（2009 年版）

税　目	税　率
一、烟	
1. 卷烟	
（1）甲类卷烟	56%加 0.003 元/支
（2）乙类卷烟	36%加 0.003 元/支
2. 雪茄烟	36%
3. 烟丝	30%
二、酒及酒精	
1. 白酒	20%加 0.5 元/500 克（或者 500 毫升）
2. 黄酒	240 元/吨
3. 啤酒	
（1）甲类啤酒	250 元/吨
（2）乙类啤酒	220 元/吨
4. 其他酒	10%
5. 酒精	5%
三、化妆品	30%
四、贵重首饰及珠宝玉石	
1. 金银首饰、铂金首饰和钻石及钻石饰品	5%
2. 其他贵重首饰和珠宝玉石	10%
五、鞭炮、焰火	15%
六、成品油	
1. 汽油	
（1）含铅汽油	1.40 元/升
（2）无铅汽油	1.00 元/升
2. 柴油	0.80 元/升
3. 航空煤油	0.80 元/升
4. 石脑油	1.00 元/升
5. 溶剂油	1.00 元/升
6. 润滑油	1.00 元/升
7. 燃料油	0.80 元/升

续表

税 目	税 率
七、汽车轮胎	3%
八、摩托车	
1. 气缸容量（排气量，下同）在 250 毫升（含 250 毫升）以下的	3%
2. 气缸容量在 250 毫升以上的	10%
九、小汽车	
1. 乘用车	
（1）气缸容量（排气量，下同）在 1.0 升（含 1.0 升）以下的	1%
（2）气缸容量在 1.0 升以上至 1.5 升（含 1.5 升）的	3%
（3）气缸容量在 1.5 升以上至 2.0 升（含 2.0 升）的	5%
（4）气缸容量在 2.0 升以上至 2.5 升（含 2.5 升）的	9%
（5）气缸容量在 2.5 升以上至 3.0 升（含 3.0 升）的	12%
（6）气缸容量在 3.0 升以上至 4.0 升（含 4.0 升）的	25%
（7）气缸容量在 4.0 升以上的	40%
2. 中轻型商用客车	5%
十、高尔夫球及球具	10%
十一、高档手表	20%
十二、游艇	10%
十三、木制一次性筷子	5%
十四、实木地板	5%

说明：

消费税共设置了 14 个税目，在其中的 3 个税目下又设置了 13 个子目，列举了 25 个征税项目。实行比例税率的有 21 个，实行定额税率的有 4 个。共有 13 个档次的税率，最低 3%，最高 56%（2008 年 9 月 1 日起排气量在 1.0 升（含 1.0 升）以下的乘用车，税率由 3%下调至 1%）。经国务院批准，财政部、国家税务总局对烟产品消费税政策作了重大调整，甲类香烟的消费税从价税率由原来的 45%调整至 56%。另外，卷烟批发环节还加征了一道从价税，税率为 5%，新政策从 2009 年 5 月 1 日起执行。

（三）消费税的计算

1. 从价定率：税率×销售额（价款、价外费用）。

2. 从量定额：单位税额×销售数量。

3. 从价从量复合计征。

卷烟、白酒采用从量定额与从价定率相结合复合计税。

应纳税额＝销售额×比例税率＋销售数量×定额税率

二、应交消费税的核算

（一）销售应税消费品，计算应交纳消费税

借：营业税金及附加

  贷：应交税费——应交消费税

举例：

  某企业销售生产的化妆品价款2 000 000元（不含增值税），适用消费税税率为30%。该企业的有关会计分录如下

   借：营业税金及附加（2 000 000×30%）   600 000
    贷：应交税费——应交消费税   600 000

（二）自产自用的应税消费品

  借：在建工程等科目
   贷：主营业务收入
     应交税费——应交增值税（销项税额）
        ——应交消费税

举例：

  1. 某企业在建工程领用自产柴油成本为50 000元，按市场价计算的应纳增值税10 200元，应纳消费税6 000元。该企业的有关会计分录如下：

   借：在建工程   66 200
    贷：库存商品   50 000
      应交税费——应交增值税（销项税） 10 200
         ——应交消费税   6 000

  2. 某企业下设的职工食堂享受企业提供的补贴，本月领用自产产品一批，该产品的账面价值40 000元，市场价格60 000元（不含增值税），适用的消费税税率为10%，增值税税率为17%。该企业的有关会计分录如下：

   借：应付职工薪酬——职工福利   76 200
    贷：主营业务收入   60 000
      应交税费——应交增值税（销项税） 10 200
         ——应交消费税   6 000
   借：主营业务成本   40 000
    贷：库存商品   40 000

说明：

  第一道题的企业自产自用，是将生产的产品又用于生产经营活动的循环之中，而不是作为一个消费者来消费该产品。所以其不能去确认收入，而应以成本去进入生产经营的环节。

  第二道题就不同了，这是企业用自产的产品用于了内部职工的补贴了，企业的内部职工成了最终的消费者。没有将此产品再次循环到生产经营活动中。所以在这种情况下就要确认收入，这部分补助同时也还得作为"应付职工薪酬"来反映的。

第三节　应交营业税

一、应交营业税概述

（一）营业税征税范围

我国境内提供应税劳务、转让无形资产或者销售不动产的单位或个人。

理解征税范围：

1. 在中华人民共和国境内是指：（1）提供或者接受应税劳务的单位或者个人在境内；（2）所转让的无形资产（不含土地使用权）的接受单位或个人在境内；（3）所转让或者出租土地使用权的土地在境内；（4）所销售或出租的不动产在境内。

2. 应税劳务是指属于交通运输业、建筑业、金融保险业、邮电通讯业、文化体育业、娱乐业、服务业税目征收范围的劳务。加工、修理修配劳务属于增值税范围，不属于营业税应税劳务。单位或者个体经营者应聘的员工为本单位或者雇主提供的劳务，也不属于营业税的应税劳务。

3. 提供应税劳务、转让无形资产或者销售不动产是指有偿提供应税劳务、有偿转让无形资产、有偿销售不动产的行为。有偿是指通过提供、转让、销售行为取得货币、货物、其他经济利益。

补充资料：财政部、国家税务总局于2011年11月17日正式公布营业税改征增值税试点方案。

根据试点方案，改革试点的主要税制安排为：

第一，在现行增值税17%标准税率和13%低税率基础上，新增11%和6%两档低税率。租赁有形动产等适用17%税率，交通运输业、建筑业等适用11%税率，其他部分现代服务业适用6%税率。

第二，交通运输业、建筑业、邮电通信业、现代服务业、文化体育业、销售不动产和转让无形资产，原则上适用增值税一般计税方法。金融保险业和生活性服务业，原则上适用增值税简易计税方法。

第三，计税依据。纳税人计税依据原则上为发生应税交易取得的全部收入。对一些存在大量代收转付或代垫资金的行业，其代收代垫金额可予以合理扣除。

第四，服务贸易进出口。服务贸易进口在国内环节征收增值税，出口实行零税率或免税制度。

（二）营业税税目

交通运输业、建筑业、金融保险业、邮电通信业、文化体育业：3%；

服务业、转让无形资产、销售不动产：5%；

娱乐业：5%～20%。

（三）营业税的计算
应纳营业税＝营业额×税率

二、应交营业税的核算

（一）提供应税劳务
借：营业税金及附加
　　贷：应交税费——应交营业税
举例：
某运输企业当月运营收入为 600 000 元，适用的营业税税率为 3%。该公司应交营业税的有关会计分录如下：

借：营业税金及附加　　　　　　　　　　　　　　　　　　　　18 000
　　贷：应交税费——应交营业税　　　　　　　　　　　　　　　　18 000
应交营业税＝600 000×3%＝18 000（元）

（二）销售不动产
借：固定资产清理
　　贷：应交税费——应交营业税
举例：
某企业出售一栋办公楼，出售收入 560 000 元已存入银行。该办公楼的账面原价为 950 000 元，已提折旧 460 000 元，未计提减值准备；出售过程中用银行存款支付清理费用 5 000 元。销售该项固定资产适用的营业税税率为 5%。编制该项固定资产应交营业税的会计分录。
计算应交营业税：560 000×5%＝28 000（元）

借：固定资产清理　　　　　　　　　　　　　　　　　　　　　28 000
　　贷：应交税费——应交营业税　　　　　　　　　　　　　　　　28 000

第四节　其他应交税费

一、应交城市维护建设税的核算

（一）城建税定义
城建税是我国为了加强城市的维护建设，扩大和稳定城市维护建设资金的来源开征的一个税种。是以增值税、消费税、营业税为计税依据征收的一种税。

（二）税率
1. 纳税人所在地在市区的，税率为 7%；
2. 纳税人所在地在县城、镇的，税率为 5%；
3. 纳税人所在地不在市区、县城或镇的，税率为 1%。

（三）城建税的核算

应纳税额＝（应交增值税＋应交消费税＋应交营业税）×税率

举例：

某企业本期实际应上交增值税400 000元，消费税241 000元，营业税159 000。该企业适用的城市维护建设税税率为7%。该企业有关会计分录如下：

(1) 计算应交的城市维护建设税

借：营业税金及附加　　　　　　　　56 000[(400 000＋241 000＋159 000)×7%]
　　贷：应交税费——应交城市维护建设税　　56 000

(2) 用存款上交城建税

借：应交税费——应交城市维护建设税　　　　　　　56 000
　　贷：银行存款　　　　　　　　　　　　　　　　56 000

二、应交教育费附加的核算

（一）征收范围

国家对缴纳增值税、消费税和营业税（三税）的单位和个人以其实际缴纳的"三税"税额为计税依据而征收的附加费。其作用是发展地方性教育事业，扩大地方教育经费的资金来源。

（二）教育费附加的核算

应纳税额＝实际交纳"三税"之和×适用税率

（教育费附加3%）

（三）教育费附加的核算

借：营业税金及附加
　　贷：应交税费——应交教育费附加

举例：

某企业本期实际应上交增值税400 000元，消费税241 000元，营业税159 000。该企业适用的教育费附加税率为3%。该企业有关会计分录如下：

(1) 计算应交的教育费附加

借：营业税金及附加　　　　　　　　24 000[(400 000＋241 000＋159 000)×3%]
　　贷：应交税费——应交教育费附加　24 000

(2) 用存款上交城建税

借：应交税费——应交教育费附加　　　　　　　　24 000
　　贷：银行存款　　　　　　　　　　　　　　　24 000

三、应交个人所得税的核算

（一）个人所得税的定义

个人所得税是指在中国境内有住所，或者虽无住所但在境内居住满一年，以及无住所又不居住或居住不满一年但有从中国境内取得所得的个人。包括中国公民、个体工商户、外籍个人等。

说明：对于中国境内无住所的，必须要在中国居住满一个纳税年度（指 1 月 1 日到 12 月 31 日），临时离境一次不超过 30 天，才能被认定为居民纳税人。

（二）个人所得税应税项目及税率

1. 税目

（1）工资、薪金所得；

（2）个体工商户的生产、经营所得（个人独资企业、合伙企业缴纳个人所得税）；

（3）对企事业单位的承包经营、承租经营所得；

（4）劳务报酬所得；

（5）稿酬所得；

（6）特许权使用费所得；

（7）利息、股息、红利所得；

（8）财产租赁所得；

（9）财产转让所得（财产转让所得是指个人转让有价证券、股票、建筑物、土地使用权、机器设备、车船以及其他财产取得的所得）；

（10）偶然所得（偶然所得是指个人得奖、中奖、中彩以及其他偶然性质的所得）；

（11）经国务院财政部门确定征税的其他所得。

2. 税率

个人所得税实行超额累进税率与比例税率相结合的税率体系。

（1）工资、薪金所得，适用 5%～45% 的九级超额累进税率；

（2）个体工商户、个人独资企业和合伙企业的生产、经营所得及对企事业单位的承包经营、承租经营所得，适用 5%～35% 的超额累进税率；

（3）稿酬所得，适用 20% 的比例税率，并按应纳税额减征 30%，故实际税率为 14%；

（4）劳务报酬所得，适用 20% 的比例税率，对劳务报酬所得一次收入畸高的，可以实行加成征收；

（5）特许权使用费所得，利息、股息、红利所得，财产转让所得，偶然所得和其他所得，适用比例税率，税率一般为 20%。

（三）个人所得税的核算

1. 代扣代缴员工个人所得税时

借：应付职工薪酬

　　贷：应交税费——应交个人所得税

2. 交纳个人所得税

借：应交税费——应交个人所得税

　　贷：银行存款

举例:

某企业结算本月应付职工工资总额 200 000 元,代扣职工工人所得税共计 2 000 元。该企业的会计分录如下:

借:应付职工薪酬——工资　　　　　　　　　　　　　　　2 000
　　贷:应交税费——应交个人所得税　　　　　　　　　　　　　2 000

四、应交企业所得税的核算

(一)企业所得税税率

1. 企业所得税采用比例税率:基本税率为 25%;
2. 非居民企业取得符合税法规定情形的所得,税率为 20%;
3. 对符合条件的小型微利企业,减按 20% 的税率征收;
4. 对国家需要重点扶持的高新技术企业,减按 15% 的税率征收。

(二)企业所得税的计算

应纳税所得额＝税前会计利润＋纳税调整增加额－纳税调整减少额

纳税调整增加额是会计可以扣除,而税法上不允许扣除或超过税法规定的一定比例的部分。如招待费超支部分、行政罚款等都作为增加额调整应给应纳税所得额。

纳税调整减少额主要包括按税法规定允许弥补的亏损和准予免税的项目,如前五年内的未弥补亏损和国债利息收入。

应交所得税＝应纳税所得额×所得税税率

举例:

甲公司 2007 年税前会计利润为 10 200 000 元,其中包括本年收到的国债利息收入 200 000 元,所得税税率为 25%。假定甲公司本年无其他纳税调整项目。计算企业当期所得税。

按照税法规定:企业的国债利息收入属于免税项目,应在计算纳税所得时扣除。

应纳税所得额＝10 200 000－200 000＝10 000 000(元)

当期应交所得税额＝10 000 000×25%＝2 500 000(元)。

(三)企业所得税的核算

1. 计算所得税

借:所得税费用
　　贷:应交税费——应交企业所得税

2. 交纳所得税

借:应交税费——应交企业所得税
　　贷:银行存款

3. 期末将所得税费用结转入"本年利润"账户。

借:本年利润
　　贷:所得税费用

练 习 题

一、单项选择题

1. 企业缴纳的下列税金，应通过"应交税费"科目核算的有（   ）。
   A. 印花税　　　　B. 个人所得税　　C. 增值税　　　　D. 营业税

2. 一般纳税企业应纳增值税的计算公式为（   ）。
   A. 应纳税额＝当期销项税
   B. 应纳税额＝当期进项税
   C. 应纳税额＝当期销项税＋当期进项税
   D. 应纳税额＝当期销项税－当期进项税

3. 下列属于营业税税目的是（   ）。
   A. 白酒　　　　　B. 建筑业　　　　C. 存货的盘亏　　D. 进口汽车

4. 下列选项能开具增值税发票的是（   ）。
   A. 小规模纳税人
   B. 不能开具增值税发票的一般纳税人
   C. 开具营业税发票的纳税人
   D. 一般纳税人

5. 乙企业为增值税一般纳税人，2009年实际应交纳税金情况如下：增值税800万元，营业税700万元，契税80万元，资源税1万元，印花税1.5万元，所得税200万元。上述各项税金应记入"应交税费"科目借方的金额是（   ）万元。
   A. 1 701　　　　B. 1 700　　　　C. 1 500　　　　D. 1 782.5

6. 下列在中国境内无住所的人员中，属于中国居民纳税人的是（   ）。
   A. 外籍个人甲于2010年9月1日入境，2011年10月1日离境
   B. 外籍个人乙来华学习6个月
   C. 外籍个人丙于2011年1月1日入境，同年12月20日离境，2011年12月30日回到中国
   D. 外籍个人丁于2011年1月5日入境，2011年11月20日离境至同年12月31日

7. 根据营业税法律制度的规定，下列各项业务中，按"服务业"税目征税的是（   ）。
   A. 武术表演　　　B. 文学讲座　　　C. 体育比赛　　　D. 餐饮

8. 某城市乙企业7月份销售应税货物缴纳增值税34万元、消费税12万元，出售房产缴纳营业税10万元、土地增值税4万元。已知该企业所在地使用的城市维护建设税税率为7%。该企业7月份应缴纳的城市维护建设税为（   ）万元。
   A. 4.20　　　　　B. 3.92　　　　　C. 3.22　　　　　D. 2.38

9. 某旅行社组织50人的旅游团赴太湖旅游，每人收取旅游费2 000元。旅行社实际为每人支付住宿费500元，餐费500元，交通费400元，门票80元。已知旅游业营业税税率为5%。该旅行社此次旅游业务应缴纳的营业税税额为（　　）元。

　　A. 5 000　　　　B. 2 500　　　　C. 1 500　　　　D. 1 300

10. 某从事商品零售的小规模纳税人，2011年9月销售商品取得含税收入10 300元，当月该企业应纳的增值税是（　　）元。

　　A. 1496.58　　　B. 1751　　　　C. 309　　　　　D. 300

11. 增值税一般纳税人的税率是（　　）。

　　A. 3%　　　　　B. 5%　　　　　C. 17%　　　　　D. 25%

12. 下列适用于从量定额与从价定率相结合计算的消费税税目是（　　）。

　　A. 白酒　　　　B. 鞭炮　　　　C. 高级化妆品　　D. 进口汽车

13. 教育费附加的计算公式是（　　）。

　　A. 应纳税额=实际交纳"三税"之和×适用税率

　　B. 应纳税额=税前会计利润+纳税调整增加额-纳税调整减少额

　　C. 应纳税额=单位税额×销售数量

　　D. 应纳税额=销售额×适用税率

14. 应交城建税中的纳税人所在地在市区的，税率为（　　）。

　　A. 3%　　　　　B. 5%　　　　　C. 7%　　　　　　D. 1%

15. 销售不动产所交纳的税金是（　　）。

　　A. 消费税　　　B. 增值税　　　C. 企业所得税　　D. 营业税

16. 增值税小规模纳税人的征税率是（　　）。

　　A. 13%　　　　B. 3%　　　　　C. 6%　　　　　　D. 5%

17. 下列不是消费税征税范围的是（　　）。

　　A. 生产　　　　　　　　　　　B. 委托加工

　　C. 修理修配劳务　　　　　　　D. 进口应税消费品

18. 计算企业所得税时，借记（　　）。

　　A. 应交税费——应交企业所得税　B. 营业税金及附加

　　C. 应付账款　　　　　　　　　D. 所得税费用

19. 下列说法不正确的是（　　）。

　　A. 小规模纳税企业享有进项税额的抵扣权

　　B. 小规模纳税企业应当按照不含税销售额和规定的增值税征收率计算交纳增值税

　　C. 销售货物或提供应税劳务时只能开具普通发票，不能开具增值税专用发票

　　D. 小规模纳税企业只需在"应交税费"科目下设置"应交增值税"明细科目，不需要在"应交增值税"明细科目中设置专栏

20. 下列属于增值税征税范围的是（　　）。
　　A. 销售货物　　　　　　　　B. 转让无形资产
　　C. 销售不动产　　　　　　　D. 生产货物

二、判断题

1. 处置固定资产需要交纳的营业税计入"营业税金及附加"科目。（　　）
2. 小规模纳税人应纳增值税额按照销售额和规定的征收率确定。（　　）
3. 企业按规定计算的代扣代交的职工个人所得税，借记"应付职工薪酬"科目。（　　）
4. 应交城建税的纳税人为交纳增值税、消费税、营业税的单位和个人。（　　）
5. 消费税的征收方式为从价征收。（　　）
6. 加工、修理修配劳务征收增值税。（　　）
7. 计算企业所得税，如果有国债利息收入应在计算应纳税所得额时减去该项金额。（　　）
8. 城建税和教育费附加的计算公式是一样的。（　　）
9. 普通企业适用于20%的企业所得税。（　　）
10. 将购买的货物无偿赠送他人应视同销售货物行为征收增值税。（　　）
11. 营业税征税范围是我国境内进口货物、转让无形资产或者销售不动产的单位或个人。（　　）
12. "所得税费用"科目期末应结转到"应交税费"科目中。（　　）
13. 增值税小规模纳税人可以开具增值税专用发票。（　　）
14. 企业自产自用的应税消费品应确认为收入处理。（　　）
15. 增值税一般纳税人的适用税率为17%和13%。（　　）
16. 我国现在实行的是生产型增值税。（　　）
17. 只要交纳城建税的单位必定要交纳教育费附加。（　　）
18. 个人所得税实行超额累进税率与比例税率相结合的税率体系。（　　）
19. 对符合条件的小型微利企业，减按15%的税率征收。（　　）
20. 工资、薪金所得，适用5%～45%的九级超额累进税率。（　　）

第九章 财务成果核算岗位

知识目标：
了解：收入概述、费用概述；
理解：利润概述；
掌握：收入的核算、费用的核算、利润的核算。
技能目标：
通过本章的学习，锻炼学生收入、费用和利润核算知识的灵活运用能力以及培养学生严谨治学的工作态度。

第一节 收 入

一、收入概述

（一）收入的概念
收入是财务会计的一个基本要素。
1. 广义的收入概念将企业日常活动及其之外的活动形成的经济利益流入均视为收入；
2. 狭义的收入概念则将收入限定在企业日常活动所形成的经济利益总流入；
3. 我国现行制度采用的是狭义的收入概念，即收入是指企业在日常活动中形成的、会导致所有者权益增加的、与所有者投入资本无关的经济利益的总流入。所涉及的收入，包括销售商品收入、提供劳务收入和让渡资产使用权收入。企业代第三方收取的款项，应当作为负债处理，不应当确认为收入。
收入一定能导致企业所有者权益的增加。

（二）收入分类
收入分类主营业务收入和其他业务收入
1. 主营业务收入：来自企业为完成其经营目标而从事的日常活动中的主要项目，如工商企业的销售商品、银行的贷款和办理结算等。
2. 其他业务收入：来自主营业务以外的其他日常活动，如工业企业销售材料，提供非工业性劳务等。

（三）收入的确认条件
1. 企业已将商品所有权上的主要风险和报酬转移给购货方。

（1）商品所有权上的风险和报酬

（2）商品所有权上的主要风险和报酬是否已转移的判断

2. 企业既没有保留通常与所有权相联系的继续管理权，也没有对已售出的商品实施控制。

3. 与交易相关的经济利益很可能流入企业。

（1）与交易相关的经济利益主要表现为销售商品的价款；

（2）实务中，企业售出的商品符合合同或协议规定的要求，并已将发票账单交付买方，买方也承诺付款，即表明销售商品的价款能够收回；

（3）如企业判断价款不能收回，应提供可靠的证据。

4. 相关的收入和成本能够可靠地计量。

（1）收入能否可靠地计量，是确认收入的基本前提；

（2）成本不能可靠计量，即使其他条件均已满足，相关的收入也不能确认。

二、收入核算

（一）账户设置

设置"主营业务收入""主营业务成本""发出商品"等总账账户，按商品种类设置明细账。

（二）核算内容

1. 一般商品销售

（1）实现商品销售收入

借：应收账款、银行存款等
　　贷：主营业务收入
　　　　应交税费－应交增值税（销项税额）

（2）结转已售商品成本

借：主营业务成本
　　贷：库存商品

（3）计算主营业务税金及附加

借：营业税金及附加
　　贷：应交税费——应交消费税
　　　　　　　　——应交城市维护建设税
　　　　　　　　——应交教育费附加

（4）不符合确认收入条件的商品销售

借：发出商品
　　贷：库存商品
借：应收账款——××企业
　　贷：应交税费——应交增值税（销项税额）

举例：

B企业向A企业销售产品，增值税专用发票上注明售价是10 000元，增值税税额是1 700元；该产品成本是6 000元。B企业在销售此产品时已得知A企业资金流转发生暂时困难，但为了减少存货积压，仍与A企业建立了商业关系，B企业将产品发出。

则B企业的会计分录如下：

（1）发出商品时

借：发出商品　　　　　　　　　　　　　　　　　　　6 000
　　贷：库存商品　　　　　　　　　　　　　　　　　　　　6 000

（2）确认应交的增值税时

借：应收账款　　　　　　　　　　　　　　　　　　　1 700
　　贷：应交税费——应交增值税（销项税）　　　　　　　　1 700

2. 销售退回

（1）本年度销售的商品在年度终了前退回，冲减退回月份的主营业务收入，以及相关的成本、税金。

（2）以前年度销售的商品，在本年度终了前退回，冲减退回月份的主营业务收入，以及相关的成本、税金。

（3）本年度或以前年度销售的商品，在年度财务报表批准报出前退回，冲减报告年度的主营业务收入，以及相关成本、税金。

（4）销售退回时，对已发生的现金折扣或销售折让，应同时冲减销售退回当期的折扣、折让；若该项销售在资产负债表日及之前已发生现金折扣或销售折让，应同时冲减报告年度相关的折扣、折让。

举例：

某企业2006年12月份销售甲产品100件，单位售价14元，单位销售成本10元。该批产品于2007年5月因质量问题发生退货10件，货款已经退回。该企业2007年5月份销售甲产品150件，每件成本11元。增值税税率为17%。编制会计分录。

1. 冲减销售收入

借：主营业务收入　　　　　　　　　　　　　　　　　140
　　应交税费——应交增值税（销项税额）　　　　　　　23.80
　　贷：银行存款　　　　　　　　　　　　　　　　　　　163.80

2. 冲减销售成本

说明：如果本月有同种或同类产品销售的，销售退回产品，可以直接从本月的销售数量中减去，得出本月销售净数量然后计算应结转的销售成本。

结转当月销售产品成本

借：主营业务成本　　　　　　　　　　　1 540 [(150－10)×11]
　　贷：库存商品　　　　　　　　　　　　　　　　　　　1 540

3. 让渡资产使用权收入

（1）让渡资产使用权的使用费收入处理原则

如果合同或协议规定一次性收取使用费，且不提供后续服务的，应当视同销售该项资产一次性确认收入；提供后续服务的，应在合同或协议规定的有效期内分期确认收入。

如果合同或协议规定分期收取使用费，应按合同或协议规定的收款时间和金额或规定的收费方法计算确定的金额分期确认收入。

（2）让渡资产使用权收入的账务处理

让渡资产使用权收入一般作其他业务收入，所计提的摊销额等，作为其他业务成本。

举例：

甲公司于2007年1月1日向乙公司转让某专利权的使用权，协议约定转让期为5年，每年年末收取使用费200 000元。2007年该专利权计提的摊销额为120 000元，每月计提金额为10 000元。假定不考虑其他因素。甲公司的如下：

（1）2007年年末确认使用费收入

借：应收账款 或银行存款等　　　　　　　　　　　　200 000
　　贷：其他业务收入　　　　　　　　　　　　　　　　　200 000

（2）2007年每月计提专利权摊销额

借：其他业务成本　　　　　　　　　　　　　　　　　10 000
　　贷：累计摊销　　　　　　　　　　　　　　　　　　　10 000

说明："累计摊销"科目是用于摊销无形资产的，其余额一般在贷方，贷方登记已计提的累计摊销。类似固定资产中的"累计折旧"科目。

第二节　费　　用

一、费用概述

（一）费用的概念及特征

1. 费用的概念

（1）狭义的费用概念将费用限定于获取收入过程中发生的资源耗费。

（2）广义的费用概念则同时包括了经营成本和非经营成本。

（3）我国现行制度采用的是狭义的费用概念，即企业为销售商品、提供劳务等日常活动所发生的经济利益的流出，包括计入生产经营成本的费用和计入当期损益的期间费用。

2. 费用的特征

（1）费用最终会导致企业资源的减少；

（2）费用最终会减少企业的所有者权益。

（二）费用的分类

按费用的经济用途可分为生产成本和期间费用。

1. 生产成本

产品生产成本是企业为生产一定种类和一定数量的产品所发生的各项生产费用的总和。主要项目有：①直接材料；②直接人工；③制造费用。

2. 期间费用

主要包括管理费用、销售费用和财务费用三方面内容。

（1）管理费用

管理费用是指企业行政管理部门为组织和管理生产而发生的各项费用，包括企业在筹建期间发生的开办费、企业的董事会和行政管理部门在企业的经营管理中发生的或者应当由企业统一负担的公司经费（物料消耗、低值易耗品摊销等）、工会经费、咨询费、诉讼费、业务招待费、房产税、车船使用税、土地使用税、印花税、技术转让费等。

（2）销售费用

销售费用是企业在销售商品和材料、提供劳务的过程中发生的费用，包括企业在销售商品过程中发生的运输费、装卸费、包装费、保险费、广告费、商品维修费等以及为销售本企业商品而专设的销售机构（含销售网点、售后服务网点等）的职工薪酬、业务费、折旧费等经营费用。

（3）财务费用

财务费用是指企业为筹集生产经营所需资金等而发生的费用，包括利息支出（减利息收入）、汇兑差额以及相关的手续费、企业发生的现金折扣或收到的现金折扣等。

二、费用的核算

（一）账户设置

设置"生产成本""制造费用""劳务成本""管理费用""销售费用""财务费用"等账户。按照费用项目或劳务的种类设置明细账户进行核算。

（二）费用的核算

1. 生产成本的归集和分配

举例

某公司本月耗用材料如下：基本生产车间生产 A 产品耗用材料 67 200 元，生产 B 产品耗用材料 50 300 元，辅助生产车间耗用材料 1 730 元，其中供电车间 950 元，机修车间 780 元，车间一般耗用 2 140 元，管理部门耗用材料 400 元。

月末，根据材料费用汇总分配表，编制如下会计分录：

借：生产成本——基本生产成本——A 产品　　　　　　　67 200
　　　　　　——基本生产成本——B 产品　　　　　　　50 300

——辅助生产成本——供电车间	950
——辅助生产成本——机修车间	780
制造费用——基本生产车间	2 140
管理费用	400
贷：原材料	121 770

2. 制造费用的归集和分配

制造费用分配率＝应分配制造费用总额/各产品分配标准之和×100%

某产品应分配的制造费用＝制造费用分配率×该产品分配标准

举例：

某公司本期基本生产车间发生的制造费用 30 000 元，A 产品生产工时为 10 000 小时，B 产品生产工时为 5 000 小时。

制造费用分配率＝30 000/（10 000＋5 000）＝2（元/小时）

A 产品分摊的制造费用为：10 000×2＝20 000（元）

B 产品分摊的制造费用为：5 000×2＝10 000（元）

借：生产成本——基本生产成本（A 产品）	20 000
——基本生产成本（B 产品）	10 000
贷：制造费用——基本生产车间	30 000

3. 完工产品成本的结转

完工产品成本＝月初在产品成本＋本期生产费用－月末在产品成本

分录为：

借：库存商品

　　贷：生产成本——基本生产成本

4. 发生管理费用

（1）企业发生的行政部门各项费用，借记"管理费用"账户，贷记各有关账户。

（2）按规定计算确定的应交印花税、耕地占用税、房产税、车船使用税、土地使用税、矿产资源补偿费的金额，借记"管理费用"账户，贷记"银行存款"、"应交税费"账户。

（3）期末，应将本账户余额转入"本年利润"账户，结转时借记"本年利润"账户，贷记"管理费用"账户。

举例：

1. 某企业筹建期间发生办公费、差旅费等开办费 25 000 元，均用银行存款支付。

会计分录如下：

借：管理费用	25 000
贷：银行存款	25 000

2. 某企业为扩展产品销售市场发生业务招待费 50 000 元，均用银行存款支付。

会计分录如下：

借：管理费用　　　　　　　　　　　　　　　　　　　　　50 000
　　贷：银行存款　　　　　　　　　　　　　　　　　　　　50 000

5. 发生销售费用

（1）企业在销售商品过程中发生的包装费、保险费、展览费和广告费、运输费、装卸费等费用，借记"销售费用"账户，贷记"库存现金""银行存款"账户。

（2）企业发生的为销售本企业商品而专设的销售机构的职工薪酬、业务费等经营费用，借记"销售费用"账户，贷记"应付职工薪酬""银行存款""累计折旧"等账户。

（3）期末，应将本账户余额转入"本年利润"账户，结转后"销售费用"账户。

举例：

1. 某公司为宣传新产品发生广告费 80 000 元，均用银行存款支付。会计分录如下：

借：销售费用　　　　　　　　　　　　　　　　　　　　80 000
　　贷：银行存款　　　　　　　　　　　　　　　　　　　80 000

2. 某公司销售一批产品，销售过程中发生运输费 5 000 元、装卸费 2 000 元，均用银行存款支付。会计分录如下：

借：销售费用　　　　　　　　　　　　　　　　　　　　　7 000
　　贷：银行存款　　　　　　　　　　　　　　　　　　　　7 000

第三节　利　　润

一、利润概述

（一）利润的含义

利润是企业在一定会计期间的经营成果，利润包括收入减去费用后的净额、直接计入当期利润的利得和损失等。

说明：

企业的利润，就其构成来看，既有通过生产经营活动而获得的，也有通过投资活动而获得的，还包括那些与生产经营活动无直接关系的事项所引起的盈亏。

（二）利润的构成

1. 营业利润

营业利润＝营业收入－营业成本－营业税金及附加－销售费用－管理费用－财务费用－资产减值损失＋公允价值变动收益（－公允价值变动损失）＋投资收益（－投资损失）

2. 利润总额

利润总额＝营业利润＋营业外收入－营业外支出

说明：营业外收入（或支出）是指企业发生的与日常活动无直接关系的各种利

得（或损失）。

3. 净利润

净利润＝利润总额－所得税费用

二、利润的核算

（一）营业外收支的会计处理

1. 营业外收入

是指与企业生产经营活动没有直接关系的各种收入。

主要包括：处置非流动资产利得、非货币性资产交换利得、债务重组利得、盘盈利得、捐赠利得、政府补助利得等。其中，非流动资产利得包括固定资产盘盈利得、处置固定资产净收益、出售无形资产收益等。

2. 营业外支出

是指不属于企业生产经营费用，与企业生产经营活动没有直接的关系，但应从企业实现的利润总额中扣除的支出。

主要包括：非流动资产处置损失、非货币性资产交换损失、债务重组损失、罚款支出、公益性捐赠支出、非常损失等。

（二）利润的核算

1. 本年利润的结转

企业实现的利润（或亏损）总额，一律通过"本年利润"账户进行核算。

核算企业本年度内实现的净利润（或净亏损）。期末，企业将各收益类科目的余额转入"本年利润"科目的贷方；将各成本、费用类科目的余额转入"本年利润"科目的借方。转账后，"本年利润"科目如为贷方余额，反映本年度自年初开始累计实现的净利润；"本年利润"科目如为借方余额，反映本年度累计的净亏损。

年度终了，应将本年收入和支出相抵后结出的本年实现的净利润，转入"利润分配"科目，借记本科目，贷记"利润分配——未分配利润"科目；如为净亏损做相反的会计分录。结转后本科目应无余额。

举例：

ABC 公司在 2010 年度决算时，各损益账户 12 月 31 日余额如下：

账户名称	结账前余额（元）
主营业务收入	90 000
营业税金及附加	4 500
主营业务成本	50 000
销售费用	2 000
管理费用	8 500
财务费用	2 000
其他业务收入	9 400

其他业务成本	7 400
投资收益	1 500
营业外收入	3 500
营业外支出	1 800
所得税费用	8 500

（1）结转各收益类账户

借：主营业务收入　　　　　　　　　　　　　　　　　90 000
　　　其他业务收入　　　　　　　　　　　　　　　　　9 400
　　　投资收益　　　　　　　　　　　　　　　　　　　1 500
　　　营业外收入　　　　　　　　　　　　　　　　　　3 500
　　贷：本年利润　　　　　　　　　　　　　　　　　104 400

（2）结转各成本、费用类账户

借：本年利润　　　　　　　　　　　　　　　　　　　76 200
　　贷：营业税金及附加　　　　　　　　　　　　　　　4 500
　　　　主营业务成本　　　　　　　　　　　　　　　 50 000
　　　　销售费用　　　　　　　　　　　　　　　　　　2 000
　　　　管理费用　　　　　　　　　　　　　　　　　　8 500
　　　　财务费用　　　　　　　　　　　　　　　　　　2 000
　　　　其他业务成本　　　　　　　　　　　　　　　　7 400
　　　　营业外支出　　　　　　　　　　　　　　　　　1 800

（3）结转所得税费用

借：本年利润　　　　　　　　　　　　　　　　　　　 8 500
　　贷：所得税费用　　　　　　　　　　　　　　　　　8 500

（4）年终计算财务成果

方法一：本年利润账户＝贷方余额－借方余额
　　　　　　　　　　＝104 400－84 700
　　　　　　　　　　＝19 700元

方法二：利润计算公式可以算出净利润也是19 700元。

2. 年终结转财务成果

（1）财务成果如果是净利润

借：本年利润　　　　　　　　　　　　　　　　　　　19 700
　　贷：利润分配——未分配利润　　　　　　　　　　 19 700

（2）财务成果如果是净亏损做相反分录。

练 习 题

一、单项选择题

1. 销售费用不包括（　　）。
   A. 汇兑损失　　　　　　　　　B. 包装费
   C. 广告费　　　　　　　　　　D. 专设的销售机构发生的折旧费
2. 下列支出中，不属于"营业外支出"的有（　　）。
   A. 捐赠支出　　B. 罚款支出　　C. 固定资产盘亏　　D. 现金盘亏
3. 企业计算出应交纳的所得税时，正确的会计分录是（　　）。
   A. 借：本年利润　　　　　　　　B. 借：管理费用
   　　贷：所得税费用　　　　　　　　　贷：所得税费用
   C. 借：所得税费用　　　　　　　D. 借：所得税费用
   　　贷：银行存款　　　　　　　　　　贷：应交税费——应交所得税
4. "本年利润"账户期末借方余额表示（　　）。
   A. 净利润　　　　　　　　　　B. 净亏损
   C. 收入类账户结转数　　　　　D. 费用类账户结转数
5. 与计算营业利润有关的项目是（　　）。
   A. 制造费用　　　　　　　　　B. 营业外收支净额
   C. 投资收益　　　　　　　　　D. 所得税费用
6. 下列账户不属于期末转到"本年利润"账户中的是（　　）。
   A. 制造费用　　B. 营业外收入　　C. 投资收益　　D. 所得税费用
7. "本年利润"科目如为借方余额，反映（　　）。
   A. 净利润　　B. 净亏损　　C. 投资的净收益　　D. 为弥补亏损
8. 下列属于工业企业主营业务收入的是（　　）。
   A. 原材料销售　　　　　　　　B. 技术转让
   C. 包装物出租收入　　　　　　D. 产品销售
9. 下列不属于销售费用的核算范围（　　）。
   A. 管理部门的水费　　　　　　B. 销售部门人员工资
   C. 销售货物发送的装卸费　　　D. 产品广告费
10. 下列费用中，应当作为管理费用核算的有（　　）。
    A. 按营业收入计算支付的技术使用费
    B. 为扩大商品销售发生的业务招待费
    C. 生产工人的劳动保护费
    D. 售后服务网点的业务费

11. 下列各项中，影响企业净利润的有（　　）。
    A. 财务费用　　　B. 所得税费用　　　C. 营业外支出　　　D. 投资收益

12. 某企业销售商品 6 000 件，每件售价 60 元（不含增值税），增值税税率 17%；企业为购货方提供的商业折扣为 10%，提供的现金折扣条件为 2/10、1/20、n/30，并代垫运杂费 500 元。该企业在这项交易中应确认的收入金额为（　　）元。
    A. 320 000　　　B. 308 200　　　C. 324 000　　　D. 320 200

13. 下列各项业务，在进行会计处理时应计入管理费用的是（　　）。
    A. 支付离退休人员工资　　　B. 销售用固定资产计提折旧
    C. 生产车间管理人员的工资　　　D. 计提坏账准备

14. 甲企业 2009 年 3 月发生的费用有：计提车间管理人员工资费用 50 万元，发生管理部门人员工资 30 万元，支付广告宣传费用 40 万元，筹集外币资金发生汇兑损失 10 万元，支付固定资产维修费用 15 万元。则该企业当期的期间费用总额为（　　）万元。
    A. 95　　　B. 130　　　C. 140　　　D. 145

15. 某工业企业 2009 年度主营业务收入为 3 000 万元，营业成本为 2 500 万元，其他业务收入为 20 万元，其他业务成本为 10 万元，财务费用为 10 万元，营业外收入为 20 万元，营业外支出为 10 万元，所得税税率为 25%。假定不考虑其他因素，该企业 2009 年度的净利润应（　　）万元。
    A. 375　　　B. 382.5　　　C. 386.2　　　D. 390

16. 甲企业本期主营业务收入为 500 万元，主营业务成本为 300 万元，其他业务收入为 200 万元，其他业务成本为 100 万元，销售费用为 15 万元，资产减值损失为 45 万元，公允价值变动收益为 60 万元，投资收益为 20 万元，假定不考虑其他因素，该企业本期营业利润为（　　）万元。
    A. 300　　　B. 320　　　C. 365　　　D. 380

17. 下列各项税金中，通常与企业当期损益没有直接关系的有（　　）。
    A. 营业税　　　B. 个人所得税
    C. 车船税　　　D. 城市维护建设税

18. 下列各项，影响企业利润总额的有（　　）。
    A. 资产减值损失　　　B. 主营业务收入
    C. 所得税费用　　　D. 利润分配

19. 某企业销售商品 5 000 件，每件售价 100 元（不含增值税），增值税税率为 17%；企业为购货方提供的商业折扣为 10%，提供的现金折扣条件为 2/10、1/20、n/30，并代垫运杂费 500 元。该企业在这项交易中应确认的收入金额为（　　）元。
    A. 526 500　　　B. 450 000　　　C. 500 000　　　D. 450 500

20. 某企业在 2008 年 10 月 8 日销售商品 100 件，增值税专用发票上注明的价款为 10 000 元，增值税额为 1 700 元。企业为了及早收回货款而在合同中规定的现金折扣条件为：2/10，1/20，n/30。假定计算现金折扣时不考虑增值税。如买方在 2008 年 10 月 24 日付清货款，该企业实际收款金额应为（　　）元。

A. 11 466　　　　B. 11 500　　　　C. 11 583　　　　D. 11 600

二、判断题

1. 企业所取得的收入一定能增加所有者权益。（　　）
2. 根据《企业会计准则》的规定，企业的收入包括销售商品的收入、提供劳务的收入、让渡资产使用权收入和营业外收入。（　　）
3. 企业只要将商品所有权上的主要风险和报酬转移给购货方就确认收入。（　　）
4. 企业销售商品，销售款 10 000 元，增值税的销项税 1 700 元，现金折扣为 200 元．记入"主营业务收入"账户的销售收入应为 10 000 元。（　　）
5. 企业处置固定资产的利得应通过"营业外收入"科目核算。（　　）
6. 企业已经确认销售商品收入发生销售折让时，应冲减当月的销售商品收入，不应该冲减销售商品的成本和相应的增值税销项税额。（　　）
7. A 公司将一批商品销售给 B 公司，按合同规定 A 公司仍保留通常与所有权相联系的继续管理权和对已售出的商品实施控制。因而，A 公司不能确认收入。（　　）
8. 制造费用与管理费用不同，本期发生的管理费用直接影响本期损益，而本期发生的制造费用不一定影响本期的损益。（　　）
9. 企业出售固定资产发生的处置净损失也属于企业的费用。（　　）
10. 管理费用、资产减值损失、营业税金及附加和营业外收入都会影响企业的营业利润。（　　）
11. 某企业 2009 年年初有上年形成的亏损 25 万元，当年实现利润总额 10 万元，所得税税率为 25%。则企业 2009 年需要交纳企业所得税 2.5 万元。（　　）
12. 制造费用分配率＝应分配制造费用总额/各产品分配标准之和×100%（　　）
13. 企业实现的利润（或亏损）总额，一律通过"本年利润"账户进行核算。（　　）
14. 年度终了，应将本年收入和支出相抵后结出的本年实现的净利润，转入"利润分配"科目，借记本科目，贷记"利润分配——未分配利润"科目；如为净亏损做相反的会计分录。（　　）
15. 期间费用包括：管理费用、制造费用、销售费用。（　　）
16. 费用可以导致所有者权益增加。（　　）
17. 企业为第三方代垫的款项也应作为收入处理。（　　）
18. "本年利润"账户期末应无余额。（　　）
19. "管理费用"期末应结转入"本年利润"账户。（　　）
20. 让渡资产使用权收入一般作主营业务收入处理。（　　）

第十章　财务报表核算岗位

知识目标：
了解：财务报告及其目标；
熟悉：财务报表的组成和分类；
掌握：资产负债表的概述、资产负债表的编制方法、利润表的概述、利润表的编制方法。

技能目标：
通过本章知识的学习，强化学生对资产负债表和利润表的编制技能以及培养学生严谨治学的工作态度。

第一节　财务报告概述

一、财务报告及其目标

（一）财务报告的定义

财务报表是指企业对外提供的反映企业某一特定日期财务状况（资产负债表）和某一会计期间的经营成果（利润表）、现金流量（现金流量表）等会计信息的文件。

$$\begin{cases} 财务报表 \\ 财务报告 \\ 其他应当在财务报告中披露的相关信息和资料 \end{cases}$$

（二）财务报告的目标

1. 向财务报表使用者提供与企业财务状况、经营成果和现金流量等有关的会计信息；
2. 反映企业管理层受托责任的履行情况；
3. 有助于财务报表使用者作出经济决策。

二、财务报表的组成和分类

（一）财务报表的组成

一套完整的财务报表包括资产负债表、利润表、现金流量表、所有者权益变动表（或股东权益变动表）和财务报表附注。

1. 资产负债表

它反映企业资产、负债及资本的期末状况。长期偿债能力，短期偿债能力和利润分配能力等。

2. 利润表（或称损益表）

它反映本期企业收入、费用和应该记入当期利润的利得和损失的金额和结构情况。

3. 现金流量表

它反映企业现金流量的来龙去脉，当中分为经营活动、投资活动及筹资活动三部分。

4. 所有者权益变动表

它反映本期企业所有者权益（股东权益）总量的增减变动情况还包括结构变动的情况，特别是要反映直接记入所有者权益的利得和损失。

5. 财务报表附注

财务报表附注一般包括如下项目：

（1）企业的基本情况；

（2）财务报表编制基础；

（3）遵循企业会计准则的声明；

（4）重要会计政策和会计估计；

（5）会计政策和会计估计变更及差错更正的说明；

（6）重要报表项目的说明；

（7）其他需要说明的重要事项，如或有和承诺事项、资产负债表日后非调整事项、关联方关系及其交易等。

（二）财务报表的分类

1. 按服务对象分为对外报表和内部报表

对外报表是企业必须定期编制、定期向上级主管部门、投资者、财税部门等报送或按规定向社会公布的财务报表。这是一种主要的、定期的、规范化的财务报表。它要求有统一的报表格式、指标体系和编制时间等，资产负债表、利润表和现金流量表等均属于对外报表。

内部报表是企业根据其内部经营管理的需要而编制的，供其内部管理人员使用的财务报表。它不要求统一格式，没有统一指标体系，如成本报表属于内部报表。

2. 按报表所提供会计信息的重要性分为主表和附表

主表即主要财务报表，是指所提供的会计信息比较全面、完整，能基本满足各种信息需要者的不同要求的财务报表。现行的主表主要有三张，即资产负债表、利润表和现金流量表。

附表即从属报表，是指对主表中不能或难以详细反映的一些重要信息所做的补充说明的报表。现行的附表主要有：利润分配表和分部报表，是利润表的附表；应交增值税明细表和资产减值准备明细表，是资产负债表的附表。主表与有关附表之间存在着钩稽关系，主表反映企业的主要财务状况、经营成果和现金流量，附表则对主表进一步补充说明。

3. 按编制和报送的时间分类分为中期财务报表和年度财务报表

广义的中期财务报表包括月份、季度、半年期财务报表。狭义的中期财务报表仅指半年期财务报表。

年度财务报表是全面反映企业整个会计年度的经营成果、现金流量情况及年末财务状况的财务报表。企业每年年底必须编制并报送年度财务报表。

4. 按编报单位不同分为基层财务报表和汇总财务报表

基层财务报表由独立核算的基层单位编制的财务报表，是用以反映本单位财务状况和经营成果的报表。

汇总报表是指上级和主管部门将本身的财务报表与其所属单位报送的基层报表汇总编制而成的财务报表。

5. 按编报的会计主体不同分为个别报表和合并报表

个别报表是指在以母公司和子公司组成的具有控股关系的企业集团中，由母公司和子公司各自为主体分别单独编制的报表，用以分别反映母公司和子公司本身各自的财务状况、经营成果和现金流量情况。

合并报表是以母公司和子公司组成的企业集团为一会计主体，以母公司和子公司单独编制的个别财务报表为基础，由母公司编制的综合反映企业集团经营成果、财务状况及其资金流量变动情况的财务报表。

（三）财务报告的编报要求

1. 数字真实

财务报告中的各项数据必须真实可靠，如实地反映企业的财务状况、经营成果和现金流量。这是对会计信息质量的基本要求。

2. 内容完整

财务报表应当反映企业经济活动的全貌，全面反映企业的财务状况和经营成果，才能满足各方面对会计信息的需要。凡是国家要求提供的财务报表，各企业必须全部编制并报送，不得漏编和漏报。凡是国家统一要求披露的信息，都必须披露。

3. 计算准确

日常的会计核算以及编制财务报表，涉及大量的数字计算，只有准确的计算，才能保证数字的真实可靠。这就要求编制财务报表必须以核对无误后的账簿记录和其他有关资料为依据，不能使用估计或推算的数据，更不能以任何方式弄虚作假，玩数字游戏或隐瞒谎报。

4. 报送及时

根据规定，月报应于月份终了后6天对外提供；季报应于季度终了后15天内对外提供；半年报应于中期终了后60天内对外提供，年报于年度终了后4个月内报出。

及时性是信息的重要特征，财务报表信息只有及时地传递给信息使用者，才能为使用者的决策提供依据。否则，即使是真实可靠和内容完整的财务报告，由于编制和报送不及时,对报告使用者来说,就大大降低了会计信息的使用价值。

5. 手续完备

企业对外提供的财务报表应加具封面、装订成册、加盖公章。财务报表封面上应当注明：企业名称、企业统一代码、组织形式、地址、报表所属年度或者月份、报出日期,并由企业负责人和主管会计工作的负责人、会计机构负责人（会计主管人员）签名并盖章；设置总会计师的企业,还应当由总会计师签名并盖章。

由于编制财务报表的直接依据是会计账簿,所有报表的数据都来源于会计账簿,因此为保证财务报表数据的正确性,编制报表之前必须做好对账和结账工作,做到账证相符、账账相符、账实相符以保证报表数据的真实准确。

第二节 资产负债表

一、资产负债表的概述

（一）资产负债表的概念

资产负债表又称财务状况表,是反映企业在某一特定日期财务状况的报表。

某一特定日期是指编制报表这一天。

企业须按月、按季、按半年、全年编制资产负债表。

编制依据：资产＝负债＋所有者权益

报表数据来源：有关账户（资产类、负债类、所有者权益类、成本类）的期末余额。

（二）资产负债表的结构

资产负债表的结构,包括表首标题、报表主体和附注三部分。

资产负债表中的项目分为资产、负债和所有者权益三类,分别结出总额。

报告式资产负债表、账户式资产负债表

根据我国《企业会计制度》的规定,企业的资产负债表采用账户式的格式,并统一规定了报表的格式、项目、内容及填列方法等。

1. 报告式资产负债表

即资产、负债、所有者权益项目采用垂直分列的形式

表 10-1 报告式资产负债表

编制单位：**　　　　　　　　　　*年*月*日　　　　　　　　　　单位：元

项目	年初数	年末数
资产		
资产总计		
权益		
负债		
负债合计		
所有者权益		
所有者权益合计		
权益总计		

2. 账户式资产负债表

即按"T"形账户的形式设计资产负债表

表 10-2　账户式资产负债表

编制单位：**　　　　　　　　　　　　*年*月*日　　　　　　　　　　　　单位：元

资产	年初数	年末数	负债及所有者权益	年初数	年末数
流动资产： 流动资产合计 长期投资： 长期投资合计 固定资产： 固定资产合计 无形资产及其他资产： 无形资产及其他资产合计			流动负债： 流动负债合计 长期负债： 长期负债合计 负债合计 所有者权益： 所有者权益合计		
资产总计			负债和所有者权益总计		

资产负债表说明：

报表的左方列示资产项目，资产项目按资产流动性强弱顺序排列，依次为：流动资产（按其变现能力强弱顺序排列）、长期投资、固定资产、无形资产及其他资产。

资产总计＝流动资产合计＋长期投资合计＋固定资产合计＋无形资产及其他资产合计

资产负债表说明：报表的右方上半部分列示负债项目，负债项目按偿还期的长短顺序排列，依次为：流动负债、长期负债。

负债合计＝流动负债合计＋长期负债合计

报表的右方下半部分列示所有者权益项目，所有者权益项目按其永久性程度高低排列，依次为：实收资本、资本公积、盈余公积、未分配利润。

负债及所有者权益总计＝负债合计＋所有者权益合计

资产总计＝负债及所有者权益总计

（三）资产负债表的作用

1. 反映企业拥有或控制的经济资源及其分布情况

报表使用者可以一目了然从报表上了解到企业在某一特定日期所拥有或者控制的资产总量及其结构。

2. 反映企业的权益结构

所谓权益结构，是指在企业的权益总额中负债和所有者权益（业主权益）的相对比例。

资产负债表把权益分为负债和所有者权益两大类。这样报表使用者可以清楚地从资产负债表上了解到企业在某一特定日期的资金来源及其结构。

3. 反映企业的流动性和财务实力

流动性，又称变现能力，是指资产转换成现金或负债到期偿还所需的时间。报表上的资产项目就是按其流动性排列,通过研究资产项目的构成及其比例,企业资产的流动性就可以得到充分反映。

财务实力,是指企业运用其财务资源以适应环境变化的能力,取决于企业的资产结构和权益结构。保持合理的资产和资本结构,既可以使企业以较低成不获得资金,也可以增强企业的财务弹性。

4. 提供进行财务分析的基本资料

通过资产负债表我们可以解释、评价和预测企业的短期偿债能力、长期偿债能力、财务弹性和企业的绩效,帮助管理部门作出合理的经营决策。

二、资产负债表的编制方法

资产负债表是按项目分项列示的,各项目均需填列"年初数"和"期末数"两栏。
各项目"年初数":应根据上年末资产负债表的"期末数"栏内数字填列;
各项目"期末数":可为月末、季末或年末的数字。
资产负债表各项目"期末余额"填列方法如下。

(一)根据总账科目余额填列

如"应收票据""交易性金融资产""短期借款""应付票据""应付职工薪酬"等项目,根据各总账科目余额直接填列;如"货币资金"项目,根据"库存现金""银行存款"和"其他货币资金"三个总账科目的期末余额合计数计算填列。"未分配利润"="本年利润"账户±"利润分配"账户的期末余额合计数计算填列。

举例:

某企业2010年12月31日结账后有关科目余额情况如下:

1. "库存现金"科目余额为10 000元,"银行存款"科目余额为4 000 000元,"其他货币资金"科目余额为1 000 000元。

2. "交易性金融资产"科目余额为100 000元。

3. 该企业于2010年3月1日向银行借入一年期借款320 000元,向其他金融机构借款230 000元,无其他短期借款业务发生。

4. "应付股利"科目余额为400 000元。

5. 应付A企业商业票据32 000元,应付B企业商业票据56 000元,应付C企业商业票据680 000元,尚未支付。

6. 应付管理人员工资300 000元,应付福利费42 000元,应付车间工作人员工资57 000元,无其他应付职工薪酬项目。

7. 发行了一次换本付息的公司债券,面值为1 000 000元,应计提的利息为10 000元。

根据上述7道例题计算填列各科目金额

1. 货币资金=10 000+400 000+1 000 000=5 010 000(元)

2. 交易性金融资产=100 000(元)

3. 短期借款＝320 000＋230 000＝550 000（元）

4. 应付股利＝400 000（元）

5. 应付票据＝32 000＋56 000＋680 000＝768 000（元）

6. 应付职工薪酬＝300 000＋42 000＋57 000＝399 000（元）

7. 应付债券＝1 000 000＋10 000＝1 010 000（元）

（二）根据明细账科目余额计算填列

1."应收账款"根据"应收账款"和"预收账款"期末借方余额合计填列；

2."预付账款"根据"预付账款"和"应付账款"期末借方余额合计填列；

3."应付账款"根据"应付账款"和"预付账款"期末贷方余额合计填列；

4."预收账款"根据"应收账款"和"应收账款"期末贷方余额合计填列；

举例：

表 10-3　明细账科目余额计算填列

科目名称	借方余额	贷方余额
应收账款—A 企业	1 600 000	
—B 企业		100 000
预收账款—C 企业	600 000	
—D 企业		1 400 000
预付账款—E 企业		60 000
—F 企业	800 000	
应付账款—G 企业		1 800 000
—H 企业	400 000	

根据上述表格计算填列各科目金额

1. 应收账款＝1 600 000＋600 000＝2 200 000（元）

2. 预付账款＝800 000＋400 000＝1 200 000（元）

3. 应付账款＝60 000＋1 800 000＝1 860 000（元）

4. 预收账款＝1 400 000＋100 000＝1500 000（元）

（三）根据总账科目和明细账科目余额分析计算填列

1."长期借款"根据总账科目余额扣除所属明细科目中将在一年内到期、且不能自主将清偿义务展期的长期借款后的金额计算填列；

2."长期待摊费用"根据总账科目期末余额扣除所属明细科目中将于一年内摊销的数额后计算填列；

举例：

1. 长期借款情况如下表

表 10-4　长期借款情况表

借款起始日期	借款期限（年）	金额（元）
2008 年 1 月 1 日	3	1 000 000
2006 年 1 月 1 日	5	2 000 000
2005 年 6 月 1 日	4	1 500 000

2."长期待摊费用"科目的期末余额为 375 000 元,将于一年内摊销的数额为 204 000 元。

根据上述两道例题计算填列各科目余额:

长期借款＝1 000 000＋2 000 000＝3 000 000（元）

长期待摊费用＝375 000－204 000＝171 000（元）

（四）根据有关科目余额减去其备抵后净额填列

1."应收账款"根据期末余额减去"坏账准备"后净额填列；

2."长期股权投资"根据期末余额减去"长期股权投资减值准备"后净额填列；

3."在建工程"根据期末余额减去"在建工程减值准备"后净额填列；

4."固定资产"根据期末余额减去"累计折旧"和"固定资产减值准备"后净额填列；

5."无形资产"根据期末余额减去"累计摊销"和"无形资产减值准备"后净额填列；

举例:

1."应收账款"科目所属各明细科目的期末借方余额合计 450 000 元,贷方余额合计 220 000 元,对应收账款计提的坏账准备为 50 000 元,假定"预收账款"科目所属明细科目无借方余额。

2."固定资产"科目余额为 1 000 000 元,"累计折旧"科目余额为 90 000 元,"固定资产减值准备"科目余额为 200 000 元。

3. 交付安装的设备价值为 305 000 元,未完建筑安装工程已经耗用的材料 64 000 元,工资费用支出 70 200 元,"在建工程减值准备"科目余额为 20 000 元,安装工作尚未完成。

4."无形资产"科目余额为 488 000 元,"累计摊销"科目余额为 48 800 元,"无形资产减值准备"科目余额为 93 000 元。

根据上述四道例题计算填列各科目余额:

（1）应收账款＝450 000－50 000＝400 000（元）

（2）固定资产＝1 000 000－90 000－20 000＝710 000（元）

（3）在建工程＝305 000＋64 000＋70 200－20 000＝419 200（元）

（4）无形资产＝488 000－18 800－93 000＝346 200（元）

（五）综合运用上述填列方法分析填列

存货＝（在途材料＋材料采购＋原材料＋委托加工物资＋周转材料＋发出商品＋生产成本＋材料成本差异）期末余额－存货跌价准备期末余额

举例:

企业采用计划成本核算材料,"材料采购"科目余额为 140 000（借方）,"原材料"科目余额为 2 400 000（借方）,"周转材料"科目余额为 1 800 000（借方）,"库存商品"科目余额为 1 600 000（借方）,"生产成本"科目余额为 600 000（借方）,

"材料成本差异"科目余额为 120 000（贷方），"存货跌价准备"科目余额为 210 000 元。

根据例题计算"存货"科目余额：

存货＝140 000＋2 400 000＋1 800 000＋1 600 000＋600 000－120 000－210 000
　　＝6 210 000（元）

特别注意项目：

1. 存货中材料成本差异账户的余额方向

借方余额（超支）：相加

贷方余额（节约）：相减

2. 待摊费用和预提费用

待摊费用＝待摊费用总账余额＋预提费用借方余额

经常出现预提费用多提了或者少提了，就会出现预提费用的借方余额。

预提费用＝预提费用贷方余额

3. 应交税费、应付职工薪酬

借方余额：金额为负

贷方余额：金额为正

4. 未分配利润（本年利润±利润分配）

借方余额：金额为负

贷方余额：金额为正

第三节 利 润 表

一、利润表的概述

（一）利润表概念

利润表又称损益表，是反映企业在一定会计期间的经营成果的财务报表。

一定会计期间可以是 1 个月，1 个季度，半年，也可以是 1 年。

编制依据：收入－费用＝利润

报表数据来源：有关账户（损益类）的本期发生额。

（二）利润表的结构

1. 单步式利润表

表 10-3　单步式利润表

编制单位：***　　　　　　　　　200*年*月　　　　　　　　　单位：元

项目	本月数	本年累计数
一、收入（广义）		
主营业务收入		
其他业务利润		
……		

续表

项目	本月数	本年累计数
收入合计		
二、费用（广义）		
主营业务成本		
……		
费用合计		
三、净利润		

说明：

将所有收入和所有费用分别加以汇总，用收入合计减去费用合计得出本期利润。

2. 多步式利润表

多步式利润表主要分四步计算企业的利润（或亏损）。

（1）以主营业务收入为基础，减去主营业务成本和主营业务税金及附加，计算主营业务利润；

（2）以主营业务利润为基础，加上其他业务利润，减去营业费用、管理费用、财务费用，计算出营业利润；

（3）以营业利润为基础，加上投资净收益、补贴收入、营业外收入，减去营业外支出，计算出利润总额；

（4）以利润总额为基础，减去所得税，计算净利润（或净亏损）。

说明：

多步式利润表更体现利润表里的各项目之间的关系。

根据我国《企业会计制度》的规定，企业的利润表都采用多步式的格式，并统一规定了报表的项目、内容及填列方法等。

（三）利润表的作用

1. 有助于分析企业经营成果和获利能力

获利能力是一个相对数指标，是企业运用一定的经济资源获取经营成果的能力。

利润表直接揭示了企业一定会计期间经营成果的形成，而获利能力的信息，则通过利润表和其他会计报表资料计算取得。

根据利润表提供的经营成果数据，有关人员可以通过比较通过以企业不同时期或者不同企业同一时间相关指标可以分析企业今后的利润发展趋势，评价和预测企业的获利能力，并据此作出相关决策。

2. 有助于考核企业管理人员的经营业绩

利润表所提供的盈利方面的信息，是一项综合性的信息，它是企业在生产、经营、投资等各项活动中管理效率和效益的直接表现，是生产经营过程中投入与产出对比的结果，它基本上反映企业管理层的经营业绩和管理效率。

3. 有助于预测企业未来利润和现金流量

利润表提供了对于过去经营活动收益水平的客观记录和历史反映，有助于报表使用者更好地判断企业未来的利润状况和现金流量。

4. 有助于企业管理人员的未来决策

企业管理人员可以通过利润表的有关数据进行分析，发现问题，采取措施，改善经营管理。

二、利润表的编制

（一）编制步骤

1. 计算营业利润。以营业收入为基础，减去营业成本、营业税金及附加、销售费用、管理费用、财务费用、资产减值损失，加上公允价值变动收益（减去公允价值变动损失）和投资收益（减去投资损失）。

2. 计算利润总额。以营业利润为基础，加上营业外收入，减去营业外支出。

3. 计算出净利润（或净亏损）。以利润总额为基础，减去所得税费用。

（二）利润表的编制

利润表各项目均需填列"本期金额"和"上期金额"两栏。其中"上期金额"栏内各项数字，应根据上年该期利润表的"本期金额"栏内所列数字填列。"本期金额"栏内各期数字，除"基本每股收益"和"稀释每股收益"项目外，应当按照相关科目的发生额分析填列。

1. "营业收入"项目，反映企业经营主要业务和其他业务所确认的收入总额。本项目应根据"主营业务收入"和"其他业务收入"科目的发生额分析填列。

2. "营业成本"项目，反映企业经营主要业务和其他业务所发生的成本总额。本项目应根据"主营业务成本"和"其他业务成本"科目的发生额分析填列。

3. "营业税金及附加"项目，反映企业经营业务应负担的消费税、营业税、城市维护建设税、资源税、土地增值税和教育费附加等。本项目应根据"营业税金及附加"科目的发生额分析填列。

4. 其他项目均按照各科目的发生额分析填列。

举例：

截至 2010 年 12 月 31 日，某企业

"主营业务收入"科目发生额为 1 990 000 元；

"主营业务成本"科目发生额为 630 000 元；

"其他业务收入"科目发生额为 500 000 元；

"其他业务成本"科目发生额为 150 000 元；

"营业税金及附加"科目发生额为 780 000 元；

"销售费用"科目发生额为 60 000 元；

"管理费用"科目发生额为 50 000 元；

"财务费用"科目发生额为 170 000 元；

"资产减值损失"科目发生额为 50 000 元；

"公允价值变动损益"科目为借方发生额 450 000 元（无贷方发生额）；

"投资收益"科目贷方发生额为 850 000 元（无借方发生额）；

"营业外收入"科目发生额为 100 000 元；

"营业外支出"科目发生额为 40 000 元；

"所得税费用"科目发生额为 171 600 元。

该企业 2010 年度利润表中营业利润、利润总额和净利润的计算过程如下：

答案：

营业利润 ＝ 199 000＋500 000－630 000－150 000－780 000－60 000－50 000
　　　　　－170 000－50 000－450 000＋850 000
　　　　＝ 1 000 000（元）

利润总额 ＝ 1 000 000＋100 000－40 000 ＝ 1 060 000（元）

净利润 ＝ 1 060 000－171 600 ＝ 888 400（元）

练 习 题

一、单项选择题

1. 下列选项不属于财务报表的是（　　）。
   A. 资产负债表　　B. 利润表　　C. 现金流量表　　D. 工资表
2. 资产负债表的作用是（　　）。
   A. 反映企业某一时期的经营成果
   B. 反映企业某一时期的财务状况
   C. 反映企业某一特定日期的经营成果
   D. 反映企业某一特定日期的财务状况
3. 下列项目属于根据总账账户余额计算填列的是（　　）。
   A. 应收票据　　B. 固定资产　　C. 货币资金　　D. 应收账款
4. "预收账款"科目所属明细科目期末有借方余额，应在资产负债表（　　）项目内填列。
   A. 预付账款　　B. 应收账款　　C. 应付账款　　D. 预收账款
5. 下列对利润表叙述正确的是（　　）。
   A. 属于动态报表　　　　　　B. 根据相关账户的期末余额编制
   C. 属于静态报表　　　　　　D. 根据损益账户的期末余额编制
6. 多步式利润表中的利润总额是以（　　）为基础来计算的。
   A. 营业收入　　B. 营业成本　　C. 投资收益　　D. 营业利润

7. 我国的利润表采用（　　）。
   A. 单步式　　　B. 多步式　　　C. 账户式　　　D. 报告式
8. （　　）是反映企业经营成果的会计报表。
   A. 资产负债表　B. 利润表　　　C. 现金流量表　D. 会计报表附注
9. 关于资产负债表的格式，下列说法不正确的是（　　）。
   A. 资产负债表主要有账户式和报告式
   B. 账户式资产负债表分为左右两方，左方为资产，右方为负债和所有者权益
   C. 我国的资产负债表采用报告式
   D. 负债和所有者权益按照求偿权的先后顺序排列
10. 资产负债表中所有者权益的排列顺序是（　　）。
    A. 实收资本－资本公积－盈余公积－未分配利润
    B. 未分配利润－盈余公积－资本公积－实收资本
    C. 实收资本－盈余公积－实收资本－未分配利润
    D. 资本公积－盈余公积－未分配利润－实收资本
11. 下列项目中属于非流动负债项目的是（　　）。
    A. 应付票据　　B. 长期借款　　C. 应付股利　　D. 应付职工薪酬
12. 下列项目中不属于流动资产的是（　　）。
    A. 货币资金　　B. 应收账款　　C. 预付账款　　D. 累计折旧
13. 资产负债表中资产的排列顺序是按（　　）。
    A. 项目收益性　B. 项目重要性　C. 项目流动性　D. 项目时间性
14. 编制利润表所依据的会计等式是（　　）。
    A. 收入－费用＝利润
    B. 资产＝负债＋所有者权益
    C. 借方发生额＝贷方发生额
    D. 期初余额＋本期借方发生额-本期贷方发生额＝期末余额
15. 可以反映企业某一特定日期财务状况的报表是（　　）。
    A. 利润表　　　B. 利润分配表　C. 资产负债表　D. 现金流量表
16. 某企业本月主营业务收入为1 000 000元，其他业务收入为80 000元，营业外收入为90 000元，主营业务成本为760 000元，其他业务成本为50 000元，营业税金及附加为30 000元，营业外支出为75 000元，管理费用为40 000元，销售费用为30 000元，财务费用为15 000元，所得税费用为75 000元。则该企业本月营业利润为（　　）元。
    A. 170 000　　B. 155 000　　C. 25 000　　D. 80 000
17. 资产负债表中负债项目的顺序是按（　　）排列。
    A. 项目的重要性程度　　　　　B. 项目的金额大小
    C. 项目的支付性大小　　　　　D. 清偿债务的先后

18. 某公司本会计期间的主营业务收入为1 700万元，主营业务成本为1 190万元，营业税金及附加为170万元，销售费用为110万元，管理费用为100万元，财务费用为19万元，营业外收入为16万元，营业外支出为25万元，其他业务收入为200万元，其他业务成本100万元，应交所得税按利润总额25%计算，其营业利润、利润总额、企业净利润分别为（　　）万元。

  A. 111、232、174   B. 211、202、151.5
  C. 356、232、74   D. 111、202、151.5

19. 某企业"应付账款"明细账期末余额情况如下：应付甲企业贷方余额为200 000元，应付乙企业借方余额为180 000元，应付丙企业贷方余额为300 000元，假如该企业"预付账款"明细账均为借方余额，则根据以上数据计算的反映在资产负债表上"应付账款"项目的金额为（　　）元。

  A. 680 000   B. 320 000   C. 500 000   D. 80 000

20. 某日，大华公司的负债为7 455万元、非流动资产合计为4 899万元、所有者权益合计为3 000万元，则当日该公司的流动资产合计应当为（　　）。

  A. 2 556万元   B. 4 455万元   C. 1 899万元   D. 5 556万元

二、判断题

1. 利润总额是指营业收入加上投资收益、营业外收入，减去营业外支出后的总金额。（　　）
2. 资产负债表中的"长期借款"项目应根据"长期借款"账户的余额直接填列。（　　）
3. 财务报表是对企业财务状况、经营成果和现金流量的结构性表述。（　　）
4. 资产负债表是将企业某一时期的全部资产、负债和所有者权益项目进行适当分类、汇总和排列后编制而成的。（　　）
5. 现金流量表是反映企业在一定会计期间现金和现金等价物流入和流出的报表。（　　）
6. 利润表是反映企业在一定会计期间经营成果的报表，属于静态报表。（　　）
7. 资产负债表中资产类至少包括流动资产项目、长期投资项目和固定资产项目。（　　）
8. 资产负债表的格式主要有账户式和报告式两种，我国采用的是报告式，因此才出现财务会计报告这个名词。（　　）
9. 资产负债表中的所有者权益内部各项目是按照流动性或变现能力排列。（　　）
10. 资产负债表编制依据是资产＝负债＋所有者权益。（　　）
11. 账户式资产负债表分左右两方，左方为资产项目，一般按照流动性大小排列；右方为负债及所有者权益项目，一般按要求偿还时间的先后顺序排列。（　　）

12. 净利润是指营业利润减去所得税费用后的金额。（　　）

13. 营业利润是以主营业务利润为基础，加上其他业务利润，减去销售费用、管理费用和财务费用，再加上营业外收入减去营业外支出计算出来的。（　　）

14. 资产负债表中"固定资产"项目应根据"固定资产"账户余额直接填列。（　　）

15. 资产负债表中的"存货"＝（在途材料＋材料采购＋原材料＋委托加工物资＋周转材料＋发出商品＋生产成本＋材料成本差异）期末余额－存货跌价准备期末余额计算填列。（　　）

16. "营业收入"项目，反映企业经营主要业务和其他业务所确认的收入总额。本项目应根据"主营业务收入"和"其他业务收入"科目的发生额分析填列。（　　）

17. 利润表又称损益表，是反映企业在一定会计期间的财务状况的财务报表。（　　）

18. "长期借款"根据总账科目余额扣除所属明细科目中将在一年内到期、且不能自主将清偿义务展期的长期借款后的金额计算填列。（　　）

19. "固定资产"根据期末余额减去"累计折旧"和"固定资产减值准备"后净额填列。（　　）

20. 如"货币资金"项目，根据"库存现金""银行存款"和"其他货币资金"三个总账科目的期末余额合计数计算填列。（　　）

练习题参考答案

第一章 练习题答案

一、单项选择题

1. B   2. C   3. C   4. B   5. D   6. D   7. D   8. B   9. A   10. A
11. C   12. B   13. D   14. B   15. C   16. A   17. C   18. A   19. D   20. A

二、判断题

1. √   2. √   3. ×   4. ×   5. ×   6. √   7. √   8. √   9. ×   10. ×
11. ×   12. ×   13. √   14. √   15. √   16. √   17. ×   18. ×   19. √   20. √

第三章 练习题答案

一、单项选择题

1. B   2. A   3. A   4. D   5. D   6. A   7. B   8. C   9. A   10. D
11. C   12. D   13. A   14. B   15. A   16. C   17. D   18. D   19. B   20. C

二、判断题

1. ×   2. ×   3. ×   4. √   5. √   6. ×   7. ×   8. ×   9. √   10. ×
11. √   12. ×   13. √   14. √   15. ×   16. √   17. √   18. ×   19. ×   20. √

第四章 练习题答案

一、单项选择题

1. B   2. A   3. D   4. C   5. B   6. C   7. D   8. D   9. A   10. B
11. A   12. C   13. B   14. C   15. A   16. D   17. B   18. A   19. D   20. A

二、判断题

1. √ 2. √ 3. × 4. × 5. × 6. × 7. √ 8. × 9. √ 10. √
11. × 12. × 13. √ 14. √ 15. × 16. × 17. √ 18. √ 19. √ 20. √

第五章　练习题答案

一、单项选择题

1. C 2. A 3. A 4. D 5. C 6. D 7. C 8. A 9. B 10. D
11. A 12. A 13. C 14. A 15. D 16. B 17. B 18. A 19. C 20. C

二、判断题

1. √ 2. √ 3. √ 4. √ 5. × 6. × 7. √ 8. √ 9. × 10. √
11. √ 12. × 13. × 14. √ 15. √ 16. √ 17. × 18. × 19. × 20. √

第六章　练习题答案

一、单项选择题

1. A 2. C 3. D 4. B 5. C 6. B 7. A 8. A 9. D 10. B
11. D 12. B 13. A 14. D 15. A 16. C 17. C 18. D 19. B 20. A

二、判断题

1. × 2. × 3. √ 4. √ 5. × 6. √ 7. × 8. √ 9. √ 10. √
11. × 12. √ 13. √ 14. × 15. √ 16. √ 17. × 18. × 19. √ 20. √

第七章　练习题答案

一、单项选择题

1. A 2. D 3. C 4. A 5. A 6. B 7. A 8. C 9. D 10. A

二、判断题

1. √ 2. × 3. √ 4. √ 5. × 6. × 7. × 8. √ 9. × 10. √

第八章　练习题答案

一、单项选择题

1. A　2. D　3. B　4. D　5. A　6. C　7. D　8. B　9. D　10. D
11. C　12. A　13. A　14. C　15. D　16. B　17. C　18. D　19. A　20. A

二、判断题

1. ×　2. √　3. √　4. √　5. ×　6. √　7. √　8. √　9. ×　10. √
11. ×　12. ×　13. ×　14. √　15. √　16. √　17. √　18. √　19. √　20. √

第九章　练习题答案

一、单项选择题

1. A　2. D　3. D　4. B　5. C　6. A　7. B　8. D　9. A　10. B
11. B　12. C　13. A　14. A　15. D　16. B　17. B　18. A　19. B　20. D

二、判断题

1. √　2. ×　3. ×　4. √　5. √　6. ×　7. √　8. √　9. ×　10. ×
11. ×　12. √　13. √　14. √　15. ×　16. ×　17. ×　18. √　19. √　20. ×

第十章　练习题答案

一、单项选择题

1. D　2. D　3. C　4. B　5. A　6. D　7. B　8. B　9. C　10. A
11. B　12. D　13. C　14. A　15. C　16. B　17. D　18. B　19. C　20. D

二、判断题

1. ×　2. ×　3. √　4. ×　5. √　6. ×　7. ×　8. ×　9. ×　10. √
11. √　12. ×　13. ×　14. ×　15. √　16. √　17. √　18. √　19. √　20. √

参 考 文 献

1. 农业部农民科技教育培训中心、中央农业广播电视学校组编. 工商企业会计（第二版）. 中国农业出版社，2008

2. 周小芬. 基础会计. 清华大学出版社，2007

3. 会计从业资格考试教材编委会. 会计基础. 中国财政经济出版社. 2010

4. 农业部农民科技教育培训中心、中央农业广播电视学校组编. 基础会计（第二版）. 中国农业出版社，2009

5. 陈宾. 基础会计. 北京邮电大学出版社，2006

6. 全国会计专业技术资格考试辅导教材. 初级会计实务. 经济科学出版社，2011

7. 王小松、宋磊. 物流企业会计理论与实务. 首都经济贸易大学出版社，2008